«In die liebe gemobbt»

Kanalisert zu illia

Korrekturleser der Sprache:

Viktoria Franke

Ingrid illia Haugerud wurde in Norwegen geboren. Sie gehört keiner Religion oder Tradition an, hat aber seit ihrer Kindheit Kontakt zu anderen Realitäten, Dimensionen und Engeln.

Nach mehreren Jahren der Krankheit, die sie nach Aussage der Meister durchmachen musste, begann sie 2018, die Weisheit der großen Meister zu channeln, was zu diesem Buch und weiteren auf dem Weg führte.

VORWORT:
Seit vielen Monaten befinde ich mich auf einer ganz besonderen Reise, auf der große Meister aus anderen Realitäten und Planeten ihre Weisheit gechannelt haben.
Channeling bedeutet, dass ich Stimmen in meinem Herzen höre, wenn ich im Jetzt bin.
Die Meister sagen, dass ihr Channeling nicht bearbeitet werden sollte, da sonst die zugrunde liegenden Botschaften an unsere Seelen verschwinden.

An jedem Tag können mehrere Meister channeln.
Wenn die verschiedenen Meister zu uns sprechen,
sprechen sie uns unterschiedlich an.
Manche sagen wir, manche du und manche sagen
deins und unsers.

Ich fand die ersten Channelings so stark und seltsam,
dass ich vergaß zu fragen, mit wem ich sprach. Die
Namen der wichtigsten werden Ihnen im Laufe des
Buches genannt.
Die ersten 8 Kapitel handeln von mir und meinem
Leben, wobei die Meister ihre Weisheit mit uns teilen.
Ab Kapitel 9 channeln die Meister ihre Weisheit und
wir führen im Laufe des Buches Gespräche.

Ich habe mich dafür entschieden, die Worte der
Meister fett zu schreiben, damit Sie leicht zwischen
der Weisheit der Meister und meinen Worten
unterscheiden können. Dieser schlichte Druck hier ist
von mir.

Meine Erfahrungen werden auch zwischen den
Channelings und den Gesprächen dargestellt.
Ich habe mich entschieden, die Weisheit der Meister
fett zu schreiben, damit Sie leicht zwischen den

Worten der Meister und meinen Worten unterscheiden können. Diese normalen Buchstaben hier sind von mir.

Denken Sie daran, dass nicht jeder für seine übersinnlichen Fähigkeiten offen ist, aber seien Sie bitte offen dafür, an mehr als das Physische zu glauben. Niemand kann einen Gedanken oder ein Gefühl sehen, aber sie existieren mit Sicherheit.

Das Wichtigste an diesem Buch ist, dass Sie mit Ihrer Seele in Kontakt treten. Nur wenn wir eins mit unserer Seele sind, können wir die Erde retten.
So wichtig ist jeder von euch für das Überleben der Erde und der Menschheit.
Sei geduldig und nett zu dir selbst und nimm die Übungen erst dann an, wenn du dich bereit dafür fühlst.

Die Übungen **1-13** von den Meistern habe ich zuletzt im Buch zusammengestellt.
Ich teile meine Erfahrungen mit den Übungen im Buch, damit du weißt, was beim Ausführen der Übungen passieren kann.

Die Göttliche Lichtübung 7. ist magisch. Wenn du das Licht durch deinen Körper schickst, wirst du jedes Mal ein bisschen geheilt, auf allen Ebenen. Wir alle haben dieses Christuslicht/den göttlichen Lebensfunken in unserem Herzen und müssen kein anderes Licht von außen aufnehmen! Denn man weiß nie, welche Energie und Seelen dem Licht von außen folgen können.

Es lohnt sich, mit einer Übung nach der anderen anzufangen und sie kennenzulernen. Ich habe die Übungen alle paar Wochen bekommen. Besonders am Anfang vergingen lange Zeiträume zwischen den Übungen.

Ich möchte nur, dass Sie ein besseres und einfacheres Leben haben. In diesem Buch erfahren Sie viel über meine persönliche spirituelle Reise und meine Erfahrungen. Die Meister halten es für wichtig, dass dies im Buch steht, damit Sie verstehen, wie eine spirituelle Reise aussehen kann.
Damit es für Sie einfacher wird, Ihren eigenen, einzigartigen Weg nach Hause zu gehen und eins mit Ihrer Seele zu werden.

Wünsche Ihnen gute und erhebende Erfahrungen mit diesem Buch.

Einführung der Meister:

Wir Meister aus anderen Realitäten sind dankbar für Illias Anteil an unserer Mission, die Erde und die Menschheit zu retten. Illia ist im Moment unsere Stimme auf Erden und jetzt ist eine sehr wichtige Zeit für die Erde und die Menschheit.

Channeling ist eine gute Möglichkeit, Botschaften von der anderen Seite zu empfangen. Von unserer göttlichen Realität bis hin zur Menschheit, damit ihr alle Hilfe bekommt, um als Seelen zu wachsen.

Wir alle lieben es, der Menschheit zu helfen, weiterzukommen, weil wir euch so sehr lieben. Weil ihr ein Teil von uns seid und wir ein Teil von euch.

Wir möchten, dass ihr dieses Buch unvoreingenommen lest, denn Illia hat ihr Leben wirklich für alle sichtbar gemacht und das ist ein großer Mut. Behandelt sie also als die Meisterin, die sie wirklich für uns und für euch ist.

Ihr seid alle ein Teil dieser Rettung von Mutter Erde und ihr seid alle gleichermaßen wichtig in diesem Prozess. Traut euch also, an etwas völlig Außergewöhnliches zu glauben, es wird der Erde helfen.

Wir haben die Übungen, die wir Illia gegeben haben, um aufzuwachen und zu wachsen, in das Buch aufgenommen und wir haben uns entschieden, sie mit dir zu teilen, weil du so wichtig für uns und für die Erde und das Überleben der Menschheit auf diesem Planeten bist. In demütiger Ehrfurcht danke ich dir, dass du den Weg deiner Seele gegangen bist, Illia.

Eines Tages im Jahr 2010 saß ich auf dem Sofa und bemerkte, dass jemand im Zimmer war.
Ich hörte eine Stimme sagen:

Mein Name ist Leo, ich werde dir helfen, ein Buch zu schreiben.
Außerdem sagte Leo, wenn wir im physischen Körper sind, sind wir geteilt.

1. Körper
2. Seele
3. Ego = Körperbewusstsein der Seele.

Im Jetzt zu sein bringt alle 3 Teile zusammen!

Leo sagt, ich bin für mich und für andere da.
Ich bin ein Katalysator für die Menschheit, damit jeder den Weg ins Herz gehen kann.

Leo sagt, ich werde dieses Buch über meine Lebensreise veröffentlichen, und er nennt den Namen des Buches und die Titel aller Kapitel.

Und er bittet mich, im Jetzt oder in der Einheit zu sein, wenn ich channele, um sicherzugehen, dass es die höchste Weisheit ist, die ich höre.

Das Buch sollte heißen:

«In die Liebe gemobbt».

Kapitel

1. Meine Reise von der Geburt bis zur Schule.

2. Die Lebensreise in die Schulzeit und das Mobbing

3. Die Reise in die Ohnmacht

4. Die Reise ins Selbstmitleid

5. Der Tunnel des Lebens in den Tod

6. Das Warten auf den Tod

7. Vom Leben überrascht

8. Elfen und andere Wesen

9. Die Geburt des Bewusstseins

10. Verlangen

11. Die Reise zum Licht

12. Der Weg hinüber

13. Liebe

1. Mein Weg von der Geburt bis zur Schule.

Die Meister sagen:
Die Realität wird durch das Verständnis deiner
Geschichte erlangt.
Deine Geschichte wird durch die Erfahrungen erlangt,
die du im Leben durchmachst. Das sind Erfahrungen,
um die du selbst gebeten hast, bevor du diesen Körper
angenommen hast.

Alles, sogar Aussehen und Körper, entscheidest du,
bevor du in einen Körper gehst.
Du wählst ihn basierend auf der Familie, die zu deiner
Reise in die physische Realität passt, in die du gehst.
Wie du das Leben erlebst, hängt von deinen
Erziehungsbedingungen ab. Die Bedingungen des
Aufwachsens beeinflussen dich, indem sie dich
entweder unterstützen oder nicht.
Wenn du ohne Unterstützung, Verständnis oder
unbeachtet aufwächst, ist das etwas, um das du selbst
gebeten hast. Du hast deine Eltern so gewählt, dass sie

zu deiner Reise in diesem physischen Leben passen.
Also wirst du später im Leben davon beeinflusst,
um genau das zu bekommen, was du brauchst, um als
Seele zu wachsen.

Wenn wir in diese Realität hineingeboren werden,
tragen wir die Erinnerung an das Paradies mit uns.
Wenn Kinder erleben, wie das Paradies den
Erwachsenen fehlt, beginnen wir, uns nach Hause zu
sehnen.
Deshalb wird alles aus dem Leben zwischen den Leben
gelöscht, wenn wir ein bestimmtes Alter erreichen,
damit die Trauer für uns nicht zu groß wird.

Wir betreten unsere Körper als Lichtwesen,
Energiekörper, reine göttliche Wesen, erschaffen durch
die Lichtwellen der Liebe. Wenn wir in einem Körper
Wohnung nehmen, haben wir bereits unsere Eltern
ausgewählt, die den Vorschriften entsprechen, welches
Leben wir führen sollen. Um das Verständnis zu
erlangen, das wir brauchen. Welche Unwahrheiten wir
erfahren müssen, um aus dem Ego-Winterschlaf
aufzuwachen, in dem wir nur auf den Kopf hören.

Uns wird genau der Körper zugewiesen, den wir brauchen, um unseren Erfahrungen zu begegnen. Um dem zu begegnen, was uns in diesem Leben begegnen wird, muss man auf die eine oder andere Weise aussehen. Um es anzuziehen, das und jenes, das wir erleben sollen.

So haben wir alles selbst gewählt, um GOTT in physischer Form zu erfahren und den Weg zurück dorthin zu finden, wo wir vor der Geburt herkamen.

Wir kamen aus der Liebe und unsere Reise war lang, um den Weg zurück zu GOTT/dem Leitprinzip, der bedingungslosen Liebe, zu finden.

Wenn wir geboren werden, betritt jemand früh den Körper. Er entscheidet sich dann, alle Gedanken und Gefühle seiner Mutter mit einzubeziehen. Dann braucht das Kind diese Gedanken und Gefühle, um dieses Verständnis zu erlangen.

Manche betreten den physischen Körper erst im Alter von einem Jahr. Jeder wählt anders, je nachdem, was er als Gepäck auf seiner Reise in diesem Leben mitnehmen sollte. Denn wir sind leichte Seelen, bis wir im physischen Körper geboren werden. Also haben wir alles selbst gewählt, um GOTT in physischer Form zu erfahren und den Weg zurück dorthin zu finden, wo wir herkamen.

Es kann sich für ein Kind schwer anfühlen, kein Verständnis zu erhalten, nicht gesehen zu werden. Das Kind fühlt oder erinnert sich, dass in seinem Leben viel Liebe vorhanden sein sollte, aber hier auf der Erde gibt es nicht viel Liebe.
Liebe findet man nur im Herzen eines jeden einzelnen Menschen. Wenn wir also unsere Herzen dieser Liebe nicht öffnen, kommen wir in unserer Entwicklung auf dem Weg, eins mit unserer Seele zu werden, nicht voran.
Wir sind auf dieser Reise auf Erden, um zu verstehen, wie es ist, Gott in physischer Form zu sein.
Aber dann hat unser Ego in unserem Kopf die ganze Aufmerksamkeit von der Seele abgezogen und wir vergessen, warum wir hier sind und wer wir sind.
Aus diesem Grund werden wir Leben für Leben hier auf Erden wiedergeboren. Um den Weg zurück zu unserer Seele zu finden, dem Funken Gottes in unserem Herzen.

Kinder sind sehr sensibel und kommen sehr leicht mit der Intuition in Kontakt. Wenn sie nicht ermutigt werden, darauf zu hören, wird es immer schwieriger, sie zu hören.

Deshalb ist es sehr wichtig, den Kindern zu sagen, dass die Intuition die Stimme der Seele ist.

Unser Kern ist göttlich, also wachsen wir auf und nehmen die Worte anderer als unsere Wahrheit an. Bei Kindern gibt es keine Lügen oder Unsinn, und andere sind unsere Spiegel.

Gedanke für Gedanke, Gefühl für Gefühl zerstört unsere Erkenntnis, dass wir Kinder Gottes sind. Dass wir perfekt sind, wird Tag für Tag durch die von anderen übernommenen Gedanken und Gefühle verschoben.

Das sagt das Gegenteil davon aus, dass wir perfekt sind und die Illusionen geschaffen haben, mit denen wir bis jetzt gelebt haben. Wir alle kommen von einem Ort, an dem alles in ewigem Sein existiert, wo wir erschaffen, was wir wollen, getragen von der göttlichen Liebe.

Als wir in diesem Körper geboren wurden, vergaßen wir alles. Altes Wissen über die Begrenzung des Denkens war vergessen.

Ich sah als kleines Kind so viel, wie ich heute Engel, Wesen und tote Menschen hatte, mit denen ich sprach.

Als Kind hatte ich Kontakt mit allem in der Geisterwelt und anderen Realitäten.

Ich liebte es, allein vor dem Fenster zu sitzen und mit meinen Freunden von anderen Planeten, Dimensionen und Realitäten zu reisen.

Das „Sehen" wurde irgendwann schwierig, weil niemand glaubte, was er mit seinen physischen Augen nicht sehen konnte. Ich wusste, dass das, was ich sah, die Realität war, zumindest für mich. So bekam ich schon früh ein sehr einsames Gefühl, als ich niemanden hatte, mit dem ich meine Erfahrungen teilen konnte.

Die meisten Menschen glauben nur, was sie mit ihren physischen Augen sehen können. Eine Ansicht, die sie wiederum von ihren Eltern, ihrer Familie und ihren Freunden beeinflusst haben. Auf diese Weise wird ihre

Sicht der Realität an die Kinder weitergegeben, die alles glauben, was gesagt wird.

Ich sehe, dass viele Kinder immer noch nicht erfüllt werden und ihnen nicht geglaubt wird, wenn sie mit Freunden aus anderen Realitäten sprechen, die viele andere nicht sehen.
Diese Kinder haben dann selbst entschieden, dass sie in diesem Leben nicht geglaubt werden sollten. Sie verschließen sich dann ihrer eigenen Realität und akzeptieren die begrenzte Sicht der Erwachsenen auf die Realität als Wahrheit.
Glauben Sie also bitte, was Kinder sagen, denn kleine Kinder haben noch nicht gelernt zu lügen.
Wenn Sie etwas nicht verstehen, dann sagen Sie es. Vielleicht kann Ihnen das Kind etwas Neues beibringen und Ihnen möglicherweise die Augen für mehr als die physische Realität öffnen.

2. Lebensweg in die Schulzeit und Mobbing.

1-8-18

Wie du deine Fähigkeiten umsetzt, hängt davon ab, welche Hilfe du bekommst und wie diese in der Kindheit organisiert ist.

Alles hat mit der Kindheit zu tun. Dort machen wir alles möglich, damit alles, was wir erleben müssen, in unser Leben passt.

Illia hat ein schweres Leben mit vielen Belastungen und Emotionen auf sich genommen, die sie niederdrücken und lange genug niederdrücken werden, bis die Welt bereit ist, sie aufzunehmen und sie als den Kanal zu akzeptieren, der sie für uns auf der anderen Seite ist.

Ich war als Kind klug und habe Bücher gelesen, bevor ich eingeschult wurde, und das habe ich meiner großen Schwester zu verdanken. Als sie 2 Jahre vor mir eingeschult wurde, habe ich alles aufgesogen, was sie gelernt hat. Als ich also als 6-Jährige in die Schule kam, wusste ich die ersten zwei Jahre alles.

Dadurch fiel ich auf, ich konnte schon mit 5 lesen und kam mit 6 in die Schule. Ich war auch sehr kreativ, also machte ich die schönsten Ränder, die wir damals in der Schule malten.

Alles andere Kreative fiel mir auch leicht.

Auch körperlich fiel ich auf, denn ich war klein, 143 cm. Für mich waren die Jahre in der Schule nicht einfach und ich wurde oft gemobbt. Ich war einfach anders.

Ich würde erleben, gemobbt zu werden, das war etwas, was ich schon vor meinem Einzug in diesen physischen Körper beschlossen hatte. Hätte meine Mutter mir gesagt, sie seien eifersüchtig, hätte mich das Mobbing wahrscheinlich nie gestört.

Ich war sehr traurig und verstand nicht ganz, was die Kinder von diesem Mobbing hatten.

Ich dachte, wir sollten Freunde sein und eine schöne Zeit haben, aber nein, das sollte nicht mein Schicksal sein.

Mir wurde nun mitgeteilt, dass die Meister im Universum mich mit einem kleinen Körper unten gehalten haben, damit ich nicht bedrohlich wirke, wenn ich beginne, den Weg meiner Seele zu gehen und meiner Lebensaufgabe zu folgen.

Durch Krankheit in den letzten Jahren war ich 2 Jahre lang fast ständig im Bett. Die Meister sagten, dass ich das brauche, um die Reise meiner Seele zu beginnen.

Wo ich lag, nutzte ich das Fieber, um in meinen Körper zu reisen. Jeden Tag nahm ich Kontakt mit meinem Körper und meinen körperlichen Problemen auf. Auf der rechten Seite meiner Aura fand ich ein kleines Mädchen, etwa 7 Jahre alt. Sie war, was wir abnormal nennen, körperlich deformiert und tot!

Sie wurde zu mir geschickt, weil ich ihre Gedanken aufnehmen wollte, um diese Gedanken in meiner Realität zu manifestieren. Von dort bekam ich meine Gedanken, dass mein Körper nicht normal war, was sich wiederum in den Emotionen und dem Körper manifestierte. So erschaffen wir unsere „Realität"!

Wir akzeptieren die Wahrheiten/Unwahrheiten anderer, weil wir uns in der Aura/dem Energiefeld des anderen befinden, das viele Meter vom Körper entfernt sein kann.

Wenn wir also in den Gedanken und Gefühlen des anderen sind, übernehmen wir sie. Wir denken, es sind unsere Gedanken, Gefühle und Emotionen. Also habe ich den Gedanken und das Gefühl, dass ich abnormal war, schnell absorbiert, wegen dieses toten Mädchens in meiner Aura. Sie war so nah, sie saß neben meinem Bein gelehnt, also war es natürlich, dass ich ihre Gedanken und Gefühle hörte und dachte, es wären meine.

So übernehmen wir von anderen um uns herum Dinge, die nicht unsere sind, aber wir glauben an das, was wir in unserem Kopf hören und fühlen. Dann wird es zu unserer Wahrheit, die unsere Realität schafft. Anstatt die wahre Realität zu erleben.

Viele sind aus verschiedenen Gründen aus ihrem Körper geflohen, sowohl wegen körperlicher als auch geistiger Misshandlung.

Als Kind rannte ich vor meinem Körper weg, weil ich diesen kleinen Körper nicht wollte. Ich konnte diesen Körper einfach nicht ertragen, der so viele schlechte Gedanken und Gefühle hatte, dass es viel einfacher war, hinauszugehen.

So blieb ich dort draußen und wurde immer bewusstloser.

Also haben sie tote Kinder und Erwachsene um mich herum platziert, um mich unten zu halten, damit ich geistig nicht zu früh aufwache. Nicht aufzuwachen, bis die Menschen bereit sind, die Botschaft der Meister zu empfangen.

Dann hörte ich ihre Gedanken und dachte, sie wären meine, dann wurden ihre Wahrheiten zu meinen angeblichen Wahrheiten, die mich dahingehend charakterisierten, was ich in diesem Leben erleben sollte, was ich entschieden habe, bevor ich in diesen Körper hinabstieg.

Wo ist also der freie Wille? Ja, sagen die Meister, er erlaubt mir, zu wählen, ob ich der Stimme des Herzens, meiner Seele folgen möchte. Oder der Stimme des Egos in meinem Kopf zu folgen und gegen meine Seele zu handeln.

Mobbing ist eine schrecklich niederschmetternde Erfahrung. Mein kleiner Körper machte es mir leicht, etwas zu finden, wofür ich gemobbt werden konnte. Ich entwickelte schnell das Gefühl, nicht gut genug zu sein. Zum Glück hatte ich meine Kreativität und war gut mit meinen Händen. Ich konnte schon in den Kleinkindklassen Damen in Badeanzügen und Bikinis für die anderen Mädchen zeichnen, weil sie keine Körper zeichnen konnten. Es war so modern mit Papierpuppen, und jeder wollte eine Papierpuppe, für die er Kleider machen konnte. Wenn ich auf die Grundschule und die Freunde zurückblicke, mit denen ich damals zusammen war, sehe ich, dass viele Opfer von Mobbing waren. Ich fühlte mich dort zu Hause unter den „Verlierern", wie manche diejenigen nennen, die nicht mit der Masse mitgehen oder Traumata haben, die sie niederdrücken.

Mobbing ist sehr zerstörerisch für das Selbstwertgefühl und den Selbstwert. Aber ich habe in diesem Leben nur das bekommen, was ich brauchte, um als Seele aufzuwachen.

Aber ehe man sich versieht, ist das Leben als Mobbingopfer furchtbar schwer. Jedes Mal, wenn ich gemobbt wurde, weinte ich, und es scheint, als hätten die Mobber das lustig gefunden.

Als ich nach Hause kam und es meiner Mutter erzählte, sagte sie nur „nimm es zurück". Aber ich war kein Tyrann, ich wollte nur, dass alle glücklich sind und Spaß haben.

Es hat über 50 Jahre gedauert, bis ich nicht mehr gemobbt wurde. Ich fühlte mich wie ein Opfer, und die Opferrolle ist eine sehr erniedrigende Rolle und schwer loszuwerden.

Viele Menschen tun sich schwer damit, sich damit abzufinden, dass sie nicht gut genug sind.

Wenn ich meine Kreativität nicht gehabt hätte, weiß ich nicht, wo ich heute wäre? Meine Kreativität hat mir den Glauben gegeben, dass ich auf einer Ebene ziemlich gut bin.

Es ist eine Herausforderung, erwachsen zu werden, um aufzufallen, weil es so einfach ist, unbewusst auf den Unterschied hinzuweisen.

Ich habe mich mein ganzes Leben lang angeschaut gefühlt, also dachte ich immer, wenn mich jemand ansah, dass es daran lag, dass ich klein war. Als Erwachsener traf ich auch diejenigen, die unbewusst den alten Tyrannenknopf drückten und sagten: Oh, du bist so süß und winzig. Und dann kamen all die Gefühle vom Mobbing zurück und ich fühlte mich wieder gemobbt.

Dieses Gefühl in meinem Leben zu erleben, war die Art des Universums zu sagen: Schau her, du liebst dich und deinen Körper immer noch nicht. Es lag daran, dass ich mich immer noch nicht als gut genug akzeptieren konnte und in der Opferrolle feststeckte.

Ich konnte meinen Körper nicht mögen, weil er zu klein war.

Nach viel Arbeit mit dem Verstand habe ich es jetzt geschafft, meinen Körper und meine Größe als vollkommen in Ordnung zu akzeptieren. Jetzt treffe ich also keine Leute mehr, die sagen, oh, du bist so süß und winzig, und mir über den Kopf streicheln.
Aber ich merke immer noch, dass es mich berührt, wenn Leute mich ansehen, ich fühle mich beobachtet. Die Gefühle, anders zu sein, sind nicht vorbei, denn ich bin immer noch aus der Masse heraus. Aber die Emotionen überwiegen nicht mehr so wie früher. Es ist jetzt auch viel einfacher, klein zu sein, wo wir so viele kleine Frauen aus dem Osten haben.

Die Meister sagen:
Kinder werden immer schikanieren, solange die Erwachsenen den Leuten Worte geben! Schau, wie fett sie ist, schau, wie komisch er ist. Oh, wie betrunken er ist, oder jede andere Bemerkung, wenn du mit den Kindern zusammen bist. Das lässt die Kinder denken, dass man so über andere spricht.

Kinder sind reine göttliche Wesen, bis sie zu Hause etwas anderes lernen.

Wenn du Dinge an Menschen bemerkst, reißt du die Kinder aus der Gegenwart/der Einheit und sie landen im Ego, indem sie alles beurteilen und benennen.

Sie sagen, schau dir den Vogel dort an. Stattdessen kann man sagen, schau dort, sieht aus, als hätte er eine schöne Zeit.

Dann bekommen die Kinder die Gelegenheit zu sehen, was die Seele des Wesens ist, statt nur der physische Körper. Denn es ist so viel mehr als das, was wir mit unseren Augen sehen können.

Die meisten Menschen glauben nur, was sie mit ihren physischen Augen sehen, aber niemand sieht ein Gefühl oder einen Gedanken.

3. Die Reise in die Ohnmacht

Wenn man jahrelang gemobbt wurde, bekommt man ein Gefühl des „armen Ichs".

Ein Gefühl, weniger wert zu sein als alle anderen. Man läuft also die ganze Zeit mit einem Gefühl der Ohnmacht herum, dass man alle anderen wichtiger sein lässt als sich selbst. Man lässt sich von anderen auf die Füße treten. Man hat so große Angst, dass die Leute einen nicht mögen, also lässt man alles zu.

So wurde ich zu einer Wackelpuppe.

Nicht weil ich es wollte, aber ich traute mich nicht anders, aus Angst vor Menschen.

Ich hatte Angst vor Menschen bekommen, wegen des Mobbings. Es ist ein trauriges Gefühl, sich so verängstigt, anders und wenig wert zu fühlen.

Das macht Mobbing mit Menschen, die ihm ausgesetzt sind.

Das wurde für viele Jahre zu meiner Realität, ein selbstzerstörerisches Verhalten gegenüber anderen Menschen.

Wenn eine Freundin sagte, sie fände einen Jungen nett, obwohl ich in ihn verliebt war, zog ich mich zurück.

Ich dachte, ich wäre nicht so gut wie sie.

Alle waren besser und mehr wert als ich, ich fühlte mich unnormal. Dann zog ich mich versuchslos zurück und wurde stattdessen ein Freund.

Ein solches Verhalten bedeutet, dass man sich ständig selbst auf die Füße tritt und sich selbst noch weiter nach unten stellt.

So erschaffen wir unser Leben mit unseren Gedanken und dem, woran wir glauben.

Es ist sehr wichtig, herauszufinden, woran man glaubt, und den alten Glauben in einen neuen, erhebenden Glauben über das Leben und sich selbst zu verwandeln.

Übung 1. Alte Unwahrheiten ändern.

Setzen Sie sich mit geschlossenen Augen hin und rufen Sie einen Gedanken ins Gedächtnis, den Sie über sich selbst haben und der nicht gut ist.

Sie fragen sich also: Ist das eine Wahrheit für meine Seele?

Nein, natürlich nicht, Ihre Seele denkt nie schlecht über Sie. Dann ist es auch nicht Ihre Wahrheit, denn Sie sind die Seele.

Diese Übung ist sehr wirksam, denn wenn du weißt, dass dies keine Wahrheit für deine Seele ist, dann gehört es nicht mehr dir, dann kann der Einfluss, den der Gedanke auf dich und deinen Körper hatte, verschwinden.

4. Die Lebensreise ins Selbstmitleid.

Ich tat mir selbst leid, weil ich unnormal war.
Dadurch wurde der Unterschied zwischen mir und
anderen noch größer. Selbstmitleid ist ein Gefühl, das
einen aus der Masse herausstechen lässt. Ich kannte
keine andere Art, mich selbst zu betrachten.
Selbstmitleid ist eine seltsame Erfahrung. Es ist eine
sehr egoistische Lebensweise, selbst wenn man nicht
im üblichen Sinne „egoistisch" ist. Man kultiviert sein
eigenes Leiden so sehr, dass man nichts anderes als
sein eigenes Elend sieht.
Man wird auf sehr traurige Weise egozentrisch.
Meine Kreativität war meine Rettung durch
Selbstmitleid, denn obwohl ich mich selbst
bemitleidete, schaffte ich es, schöne Dinge zu schaffen.
Wenn andere sagten, meine Sachen seien in Ordnung,
konnte ich nie wirklich glauben, dass sie es ernst
meinten. Aufgrund meiner Unsicherheiten dachte ich,
sie sagten es, um nett zu sein, was mit meiner
Minderwertigkeit zusammenhing.
Für all die Fehler, die ich gemacht habe, für meine
schlechten Taten oder für das Gefühl, dass das Leben

gegen mich läuft, wurde mein Körper verantwortlich gemacht.

Jetzt sind alle alten Gedanken und Gefühle ausgewaschen, aber der Körper ist aus langsamerem Material.
Der Körper braucht mehr Zeit, um Traumata, Schmerzen und Verspannungen zu verarbeiten. Besonders in den Gelenken und Muskeln ist der Prozess der Reinigung alter Traumata langsam, aber es gibt Behandlungen, die dem Körper helfen. Dem Körper zu helfen, frei von Traumata zu werden, ist eine sehr wichtige Sache, um eine bessere Gesundheit und ein einfacheres und glücklicheres Leben zu haben.

Die Meister sagen:
Zu glauben, dass man im Leben vorankommt, indem man Gedanken und Gefühle verbirgt, ist völlig falsch. Das Einzige, was passiert, ist, dass man krank wird und nur den Weg des Egos in Richtung Tod geht. Man schleppt sich und seinen Körper auf eine schlechte Lebensreise.

Es gibt viele verschiedene Behandlungen, die helfen können, aber das Wichtigste ist, die Art von

Behandlung zu bekommen, die sowohl körperlich als auch emotional wirkt.

Die Behandlung, die bei mir die stärkste Wirkung hatte, ist die Behandlung, in der ich ausgebildet wurde, «Body Harmony», aber Psychomotorische Physiotherapie, T.R.E., Bars, Rosen und Cranio Sacral-Therapie sind ebenfalls großartige Behandlungen. Aber jetzt habe ich eine neue Heilung von meiner Seele gelernt, ORACEL-Heilung, da arbeitet man, ohne sich wieder in die Traumata hineinzumähen.

Herauszufinden, was unsere eigenen Gedanken und Überzeugungen sind, ist das Wichtigste, was wir für uns tun können.
Auf diese Weise können auch die Traumata im Körper aufgearbeitet und der Körper geheilt werden.
Wir sind ein Ganzes, Gedanke, Gefühl und Körper sind als Einheit verbunden.
Alles beginnt mit einem Gedanken, der ein Gefühl erzeugt, das sich als kleine Spannung im Körper festsetzt. Wenn Sie diese also nicht reinigen und verdauen, löst sich die Spannung nicht. Was dann passiert, ist, dass der Muskel immer weniger durchblutet wird. Wenn die Anspannung anhält,

breitet sich die schlechte Durchblutung weiter aus, sodass Sie schließlich ein körperliches Problem bekommen.

«Die Wahrheit wird dich befreien»!
Erst jetzt macht diese Aussage für mich Sinn. Das Verständnis der Dominanz unseres falschen Glaubens überwältigt mich und befreit mich.
Auf einer Reise im Jahr 1996 wurde mir die Wahrheit klar.
Nach vielen Jahren der Reinigung alter Gedanken und Gefühle habe ich gelernt, dass Unwahrheiten, angenommene Wahrheiten und das, woran ich glaube, die Schöpfer meines Lebens sind.

Daher ist es sehr wichtig, herauszufinden, woran Sie über sich selbst und das Leben glauben. Und ob es Ihre Wahrheit ist oder der Gedanke eines anderen, den Sie als Ihren eigenen angenommen haben?

5. Der Lebenstunnel in den Tod.

Ich erinnere mich, gehört zu haben: ,,Kinder erfahren, was Tod ist, wenn sie etwa 9 Jahre alt sind.''
Als ich neun Jahre alt war, war ich zwei Wochen im Krankenhaus.
Eines Tages starb das Mädchen im Bett neben mir.
Das war eine sehr traumatische Erfahrung für mich.
Nach dieser Erfahrung dachte ich immer: ,,Werde ich morgen sterben?''
Dann ging ich durchs Leben und wartete unwissentlich auf den Tod. Der Tod wurde zu einer Bindung, die mir überall und in allen Zusammenhängen folgte.

Der Tod existiert nur in dieser physischen Realität, denn hier sind wir hauptsächlich im Ego.
Das Ego verschwindet, wenn wir sterben, denn es gehört zum Körper und nicht zu dem, wer Sie wirklich sind, hinter der physischen Maske, die wir hier auf der Erde tragen.

Der Tod, so haben mir die Meister gesagt, ist ein Ereignis, das wir selbst entschieden haben, bevor wir in diesen Körper hinabgestiegen sind.
Alles ist freier Wille.
Wenn jemand sterben will, wird die Seele kämpfen, aber nach einer Weile aufgeben, wenn der Todeswunsch stark ist.

6. Warten auf den Tod.

Also wartete ich unbewusst darauf, jeden Moment zu sterben, und ich würde alles schnell erleben. Weil ich nicht wusste, wann der Tod zu mir kam.

Als ich älter wurde, verblasste dieses Gefühl, aber es war im Unterbewusstsein da. Es gab mir das Gefühl, immer nur wenig Zeit zu haben, was dazu führte, dass ich mein ganzes Leben lang unter Stress lebte. Im Rückblick kommt es mir jetzt so vor, als wäre ich auf einer Reise gewesen, auf der alles schnell passieren sollte.
Ich dachte unbewusst, dass ich wenig Zeit hätte und genug erleben würde, bis ich sterbe.

Ich hatte immer den Gedanken an den Tod, wann sterbe ich? Der Tod ist also nichts, wovor ich Angst hatte, noch etwas, das ich oft als eine Lösung betrachtete, weg von diesem Leben, diesem Körper.

Solche Gedanken müssen unbedingt aus Ihrem Bewusstsein entfernt werden.

Denken Sie daran, alles, worauf wir uns konzentrieren, wird mehr davon. Mit unseren Gedanken sind wir große Schöpfer und das, woran wir glauben, wird früher oder später Wirklichkeit.

Ich habe erst 2015 Hilfe bekommen, um diesen Gedanken loszuwerden, den Glauben, dass mein Tod bald kommen wird.
Bevor das passierte, hatte ich mehrere traumatische Erlebnisse, bei denen ich sicher war, dass meine letzte Stunde gekommen war und ich darauf wartete, auf der anderen Seite nach Hause zu kommen.
Auch wenn es nicht das war, was ich damals und damals wollte. Ich hatte keine Angst vor dem Tod. Denn auf der anderen Seite warten viele Freunde und Familie auf mich.

Natürlich würde ich nicht sterben, denn ich hatte meine Lebensaufgabe hier auf Erden, die noch nicht erfüllt war.

7. Vom Leben überrascht.

Plötzlich änderte sich alles, nachdem die Unwahrheit, dass ich in naher Zukunft sterben würde, verschwunden war.

Dank dieser Behandlung nahm ich es auf mich, für die Zukunft zu planen.

Etwas, das ich immer nur für kurze Zeit geschafft hatte. Ich wusste unbewusst nicht, wie lange es noch dauern würde, bis ich sterben würde.

Es war schön, diese Panik über die Planung loszulassen.

Plötzlich konnte ich mich dabei ertappen, an den nächsten Frühling und Sommer zu denken.

Das habe ich noch nie zuvor getan. Erst jetzt, da der Tod mir das Leben geschenkt hat, merke ich, in was für einem Gefängnis ich gefangen gehalten wurde.

Dies ist ein weiterer Teil davon, mich lange genug unten zu halten, damit die Menschheit bereit ist für die Weisheit, die ich jetzt von den Meistern kanalisiere.

Es ist seltsam, wie unglaublich wenig wir uns darüber bewusst sind, was uns auszeichnet und womit wir unsere Realität erschaffen.

Die Meister sagen:
Alles hängt davon ab, wem wir in unserem Leben Macht geben, der Seele oder dem Ego.
Solange wir aus dem Ego heraus leben und der Überzeugung des Denkens folgen, sind wir frei, alles zu tun, was sich im Universum bewegt.
Das A und O ist also, dem Weg unserer Seele zu folgen, dem einfachen, geraden Weg, statt den Irrwegen des Egos.
Um dem Weg der Seele zu folgen, müssen Sie der Stimme des Herzens folgen, dem Bauchgefühl.

Sich mit der eigenen Seele zu vereinen, ist eine sehr wichtige Aufgabe in diesem Leben hier auf der Erde.
Nur wenn wir mit unserer Seele vereint sind, können wir uns als Seele und Mensch bewusst weiterentwickeln.
Die Bewusstseinsbildung ist sehr wichtig, ohne Bewusstseinsbildung kommen Sie nirgendwo hin.

Alles, was im Körper aus körperlichem und geistigem Schmerz feststeckt, muss überprüft und betrachtet werden, nicht davor weggelaufen werden.

Wenn Sie vor dem fliehen, was auftaucht, wird es wieder in der Körperreferenz oder Aura gespeichert, wie wir unsere unsichtbaren Körper nennen.

8. Elfen und andere Wesen.

Die Meister möchten, dass ich in diesem Kapitel von meinen Erfahrungen mit Wesen aus anderen Realitäten erzähle. Damit Sie verstehen, dass alles erfahrbar ist, aber hier kommt der Glaube ins Spiel. Alles, woran Sie glauben, wird Wirklichkeit, also glauben Sie bitte an etwas völlig Magisches.

Das erste Wesen, das ich als Erwachsene gesehen habe, war, als meine Freundin ihre Tochter zur Welt brachte.
Ich bekam einen Anruf von ihrem Mann, dass sie jetzt eine Tochter zur Welt gebracht hat und alles in Ordnung ist.
Er fragte, ob ich die Nachricht an einen gemeinsamen Freund weitergeben könnte. Ich hatte das Telefon auf einem Bücherregal, und als ich das Gespräch beendete, saß ein Leprechaun auf der Kante des Bücherregals. Ich sah ihn so deutlich, wie ich die Menschen in ihren physischen Körpern sehe.

Ich bin hier, um dem Kind zu helfen, sagte er, sprang in meine Tasche, in der ich meine Lederarbeiten

hatte, und wir fuhren mit dem Fahrrad zum
Krankenhaus.

Das war eine ganz besondere Erfahrung, und man
sollte einfach die freudige Energie spüren, die auf das
Leder übertragen wurde. Also nähte ich kleine
Ledertaschen für alle Kinder meiner Freunde und
Familie, um die wunderbare Energie weiterzugeben.
Ich traf diesen Kobold wieder, als das Kind ca.
7-8 Monate alt war.

Die Mutter und ich saßen an jedem Ende des Bettes,
und das Baby kam auf mich zugekrabbelt. Dann
drehte sie sich um, sah auf das Kopfteil des Bettes und
plauderte, und da saß der Kobold.

Ich habe auf meinem Weg mehrere Kobolde getroffen.
An einem Ort, an dem ich lebte, gab es viele
streunende Hunde, und als ich nach ein paar Tagen
Abwesenheit zurückkam, war mein Garten von den
Hunden verwüstet, die in meinem Garten gruben.
Oh, dachte ich, wenn ich das nächste Mal auf Reisen
gehe, werde ich wahrscheinlich wieder in den
zerstörten Garten zurückkehren.
Nein!, höre ich eine Stimme neben mir sagen, und da
steht ein Koboldmann auf meiner Treppe. „Ich werde
mich um deinen Garten kümmern", sagte er.

Als ich zurückkam, war mein Garten üppig und wunderschön und hatte eine wunderbare Energie. Sie können uns bei Dingen helfen, sie sind unsere Schwestern und Brüder in einer anderen Realität.

Vor einigen Jahren saß ich in meiner Hängematte auf der Veranda, als ich jemanden sagen hörte: „Sie sieht uns nicht!"
Wer das war, fand ich heraus, als ich diejenigen fragte, die jetzt zu mir channeln. Sie sagten mir, das seien die kleinen Elfen! Ich konnte nicht recht glauben, dass es so kleine Wesen gibt, also dachte ich, es wären Kobolde.

Die Engel sind die Helfer der Liebe.
Sie sind für uns da und können uns auf vielen Ebenen helfen. Sie werden Engel genannt, aber ich habe noch nie Flügel gesehen, sondern eher Energielichtwellen, die wie Flügel aussehen können. Die Engel sind hier, um uns auf dem Weg unseres Lebens zu unterstützen, aber sie erreichen uns nicht, solange wir nur im Ego leben. Das Ego glaubt nur an das, was es mit den physischen Augen sieht, also gibt es nicht viel Magie, die wir sehen oder erleben. Also los, liebe Schwestern

und Brüder, entscheidet euch, an etwas Neues zu glauben, und vielleicht erlebt ihr etwas, von dem ihr nicht dachtet, dass es existiert.

Als ich einmal bei 5 Rhythmen tanzte, fiel mir plötzlich ein, dass ich nach einem Engel rufen sollte. Der Engel kam sofort, ein großer, wunderschöner, weiblicher Engel, der fast den Tanzsaal füllte.

Also dachte ich, warum rief ich sie jetzt, um anzugeben? Nein, denn niemand sonst sah den Engel, also fragte ich mich, warum genau an diesem Tag?
Ja, dann war ich nicht allein und fühlte mich sicherer.
Ich hatte sogar Angst vor den Engeln.
So traurig, sie wollen nur das Beste und geben uns viel Liebe.
Da wurde ich auch niedergehalten.
Jetzt, wo ich in Kontakt mit meiner Seele bin und die alten Erinnerungen verblassen, entdeckte ich ein totes kleines Mädchen an meinem linken Bein.
Sie sagte: „Oh, ich habe solche Angst vor deinen Geistern."

Sie ist also diejenige, die mir die Angst vor den Geistern und den Engeln gegeben hat.

Deshalb habe ich den größten Teil meines Lebens mit dieser Angst gelebt, obwohl es nicht meine war.

Jetzt verstehe ich, warum ich mich entschieden habe, den spirituellen Teil meines Lebens zu verdrängen.

9. Die Geburt des Bewusstseins.

Die Meister sagen:
Die Geburt des Bewusstseins geschieht, wenn wir bewusst mit unserer Seele in Kontakt treten und uns von unserem Ego entfernen.
Denn das Ego ist sich seiner eigenen Denkweise sehr wenig bewusst.

Illia ist hier, um Ihnen dabei zu helfen, unserer Seele, Ihrem höheren Selbst, die Geburt zu geben.

DIE EINHEIT
Um eins mit der Natur zu werden, braucht man den Wunsch, in allem, was existiert, Liebe zu sehen.
Alles, was existiert, ist ein Teil von uns, auf der Energieebene mit uns verbunden, sodass wir alle voneinander beeinflusst werden. Der ewige Liebestanz des Lebens zur Seele, die Einheit mit allem, bringt uns unserer Quelle, unserem Herzen, näher. Und näher an die göttliche Realität, die in allem und überall ist.
Wir sind alle auf vielen Ebenen Teil der gesamten Schöpfung. Die sichtbarste Ebene ist natürlich die physische, denn damit soll man uns leben.

Wir sollen nicht auf allen Ebenen leben.
Wir haben ein Energieniveau, eine Gedankenrealität und eine Gefühlsrealität. In die wir selten eintreten, ein Teil davon werden oder an denen wir teilnehmen. Um die Einheit zu kennen, muss man alles als einen ebenso wichtigen Teil wie sich selbst sehen. Denn in unserem Universum ist alles gleich wichtig. Insekten, Pflanzen, Tiere und Menschen. Wir sind nur hier, um unterschiedliche Realitäten zu erleben.

Erfahrung:
Ich sitze auf meiner Veranda, in Einheit mit allem, und spüre das Schwanken der Bäume und die Flügel der Vögel als Bewegungen in meinem Körper.

Je mehr wir in der Einheit sind, desto stärker wird die Erfahrung der Einheit, die den ganzen Körper mit Freude und Liebe erfüllt. Eins mit allem, was ist.

Die Meister sagen:
Bereiche, die wir in uns aufsuchen, wie Gedanken und Gefühle, zeigen uns den Weg nach vorne, wenn wir auf die Stimme in uns reagieren.
Die Stimme unserer Seele, die uns jederzeit sagen wird, welchen Weg wir gehen sollen.

Weil wir beschäftigt oder nicht bewusst genug sind, hören wir diese Stimme nicht. Die Stimme ist so schnell und leise. Bevor wir die Stimme also gehört haben, haben wir bereits Weisheit empfangen, die vielleicht nicht von den Menschen in unserer Aura kommt. Daher ist es sehr wichtig, aufmerksam zuzuhören, wenn wir auf unsere Intuition hören, denn sie ist in einer Sekunde da.

Der Gedanke kommt, bevor das Wort ausgesprochen wird, so schnell ist er da. Sei vorsichtig, sei dir dessen bewusst, er kommt sofort. Intuition ist ein Geschenk des Universums an uns. Vom Leitprinzip, den göttlichen Energien, damit wir leichter den richtigen Weg finden können.

Leider sind wir sehr ruhelos und unaufmerksam. Daher fällt die Intuition fast immer ungehört zu Boden. Die Menschen beginnen jetzt, sich immer mehr der Intuition zu öffnen. Sie wissen, dass es die Stimme der Seele ist, die uns auf den richtigen Weg, den schmalen Pfad, führt. Wenn wir diesen Weg gehen, kommen wir viel schneller ans Ziel.

Dann lösen wir alle gewundenen Pfade außerhalb des Pfades, die uns hemmen und von unserem wahren Lebensweg abhalten. Unser wahrer Lebensweg ist so angelegt, dass uns viele Sorgen und Erfahrungen erspart bleiben, die wir nicht brauchen. Weil wir es nicht gewohnt sind, auf die innere Stimme zu hören, machen wir viele Arten von Erfahrungen, die wir nicht brauchen.

Unsere Kinder müssen also lernen, ihrer Intuition zu vertrauen und zu wissen, dass sie immer richtig ist. Die Intuition färbt unseren Weg auf eine freudige, ruhige und liebevolle Weise. Damit wir nicht nur den richtigen Weg finden, sondern einen leichteren Weg. Leichter, wenn es einen Weg gibt, der nur für uns angelegt ist, unseren richtigen Weg. Oder sollten wir sagen, unseren geschaffenen Weg, den wir selbst geschaffen haben, bevor wir in diesen Körper hinabgestiegen sind.

Erfahrung:

Eines Tages im Jahr 2004 lag ich in der Badewanne und genoss die wohlige Wärme und die Einheit des Wassers neben meinem Körper.

Plötzlich stand Jesus neben meiner Badewanne. Ich planschte, denn es war ein sehr starkes Erlebnis, entspannte mich dann aber, als ich die Liebe in meinen Körper fließen fühlte.

Er gab mir einen Energieschub, sodass ich plötzlich auf der anderen Seite war. Hier sind wir zwischen den Leben hier auf Erden.

Ich sah mich in einem Gespräch mit einer Frau sitzen. Dort entschied ich, was ich in diesem Leben erleben musste und welche Lebensaufgabe ich übernahm.

Alles, was ich an Traumata erlebt habe, habe ich erfahren wollen, um Verständnis zu erlangen. Verständnis der körperlichen Einschränkung, die wir erfahren, wenn wir leben, ohne in der Gegenwart und Einheit zu sein, eins mit unserer Seele.

Danke Jesus für die Erfahrung, die du mir geschenkt hast. Mir wurde gesagt, dass ich hier bin, um die Herzen meiner Mitmenschen zu öffnen.

Die Meister sagen:

Wir haben um Führung gebeten, um den einfachsten Weg zum Ziel zu finden, eins mit der Seele in unserem Herzen zu sein.

Es ist ein Geschenk, das wir von der spirituellen Welt erhalten, wo wir sind, bevor wir in diesen Körper hinabsteigen. Ein Geschenk, um es uns leichter zu machen. Damit wir unsere eigene Schöpfung in der Realität, in der wir leben, verstehen können, müssen

wir in der Gegenwart sein. Die Gegenwart ist etwas Erhebendes, das uns aus den Beschränkungen des Egos herausheben kann.

Die Beschränkungen des Egos bedeuten, dass wir Probleme in unserem Leben schaffen, basierend auf dem Punkt, an dem wir in unseren Denkmustern stehen.

In der Gegenwart zu sein, entfernt uns von diesen Mustern. In der Gegenwart zu sein erfordert Übung, und das Üben, in der Gegenwart zu sein, führt oft zu einem besseren und einfacheren Leben.

Einfacheres Leben, weil wir in der Gegenwart Verständnis erlangen, das wir nicht erlangen, wenn wir nicht in der Gegenwart sind. Die Emotionen kommen an die Oberfläche, wenn wir im Jetzt sind, dann nehmen wir die Emotionen auf, die in der Natur vorhanden sind.

Anstatt der Erinnerung des Egos in der Aura.

23-7-18
Die Meister sagen:

Die Intuition zeigt uns einen einfacheren Weg, warum also wählen wir den schwersten Weg, wenn ein einfacherer Weg für uns vorbereitet ist? Die Kirche und die Priester haben uns beeinflusst und hauptsächlich über den Weltuntergang, Sünde, Schuld und Scham gesprochen. Anstatt des Weges der Liebe, der für uns auf Erden vorbereitet ist.

Um wieder der Intuition zu folgen, sollten wir verfügbar sein, wenn wir an Dinge denken, und vorsichtig sein. Denken Sie daran, dass es sehr, sehr schnell geht, denn es ist unsere Seele, die uns den Weg sagt. Sie kommt nicht von außen und innen, sondern ist in unserem Herzen, unserer Seele, und führt uns durch das ganze Leben.

Folgen Sie also Ihrem Bauchgefühl, folgen Sie Ihrer Intuition, das ist der richtige Weg. Man kann Ihnen nie zu viel und zu oft sagen, dass Sie Ihrer Intuition folgen sollen. Sie schaffen sich selbst so schwere Wege, wenn Sie ihr nicht folgen.

Viele der Dinge, die Sie als Trauma erleben, hätten vermieden werden können, wenn Sie Ihrer Intuition gefolgt wären. Vermeidbar, wenn Sie Ihrer inneren Stimme gefolgt wären, dem inneren Gefühl, das Ihnen den richtigen Weg sagt.

Stattdessen werden so viele Emotionen auf dem Weg sein, weil wir den verschlungenen Weg gehen. Und Sie stoßen auf viele Dinge, die Sie hätten vermeiden können, wenn Sie Ihrer Intuition gefolgt wären. Dann werden wir vom Fokus weggezogen und die Emotionen werden dann so schwer und stark, dass wir davor fliehen.

Anstatt sie zu uns nehmen zu können, wenn wir dem richtigen Weg folgen, dem schmalen Weg, der uns von der Seele erleichtert wird.

Dann gibt es so viele Traumata und Emotionen, die wir wirklich nie hätten haben sollen. Diese werden uns in unserem Gedächtnis auferlegt und geben uns einen noch schwereren Weg.

Also ist es für Sie das A und O, Ihrer Intuition zu folgen, um in Ihrem Leben ein einfacheres Leben zu führen, ein Leben, das Ihnen auf Ihrem Weg wirklich helfen und Sie glücklich machen kann.

2. Der Intuition folgen:

Wenn Sie morgens aufwachen, können Sie sich fragen und sehr aufmerksam auf die Antwort sein, die sehr schnell kommt.

Was soll ich heute tun? Alles kann passieren und dann brauchen Sie Ihre Antwort.

Aber Sie müssen sich bewusst sein, dass es Menschen in Ihrer Aura gibt, die Sie vom richtigen Weg abbringen möchten. Und dann müssen Sie sehr vorsichtig sein, um zu sehen/fühlen, woher die Stimme kommt? Wenn sie aus Ihrer Aura kommt, ist es nicht Ihre Seele, die Ihnen den richtigen Weg sagt, sondern der verschlungene Weg, der herauskommt. Seien Sie also vorsichtig, kommt die Stimme aus dem Herzen oder von außerhalb von Ihnen oder aus dem Kopf.

Ich finde es schwierig zu hören, ob die Antwort aus dem Kopf, von außerhalb von mir oder aus dem Herzen kommt, also stelle ich die Frage mehrmals. Denn die Stimme des Egos ist viel klarer als die zarte, sanfte, leise Stimme der Seele. Wenn ich die Frage also erneut stelle, höre ich aktiv zu, während ich frage. Die Antwort kommt der Seele fast, bevor Sie die Frage zu Ende gestellt haben, denn Ihre Seele weiß, was Sie fragen werden.

Die Meister sagen:
Wenn wir meinen, der Intuition zu folgen, ist es nicht immer die Intuition, der wir folgen. Wir werden auf wilde Pfade geführt von Seelen, die in unserer Aura sind.
Denken Sie also daran, was wir zuvor gesagt haben, nämlich dass es wichtig ist, dass Sie hören, woher die Stimme kommt.
Wenn sie aus dem Herzen kommt, ist sie richtig.

In unserer Sensibilität kann eine große Distanz zwischen dem Fühlen der Seele/Intuition und den Wünschen unseres Egos liegen.

Wir begegnen unseren Mitmenschen ständig mit unserem Ego, sehr selten mit unserer Seele.

Die Art und Weise, wie wir unseren Mitmenschen mit unserer Seele begegnen können, besteht darin, ihr Wesen aufzunehmen und dieses Wesen zu fühlen, bevor wir etwas sagen. Fühlen Sie ihre Seele, die Freude und die Liebe in ihrem Herzen. Dann kommunizieren Sie nicht nur aus dem Ego, sondern aus der Seele in Ihrem Herzen.

Betrachten Sie Ihren Mitmenschen als Kind, dem das Licht in die Augen scheint. Und es strahlt Licht aus dem Herzen, mit Freude und Liebe.

Dann begegnen wir unseren Mitmenschen auf eine liebevolle und gefühlvolle Weise. Eine gefühlvolle Weise, die uns über das Ego hinaus in das wahre Leben und Bewusstsein erhebt.

Wenn wir sprechen, ohne aus der Seele zu sprechen, sprechen wir hauptsächlich über uns selbst. Wir sprechen aus uns selbst, anstatt mit unserem Nächsten zu sprechen. Wenn wir also aus uns selbst sprechen, geschieht dies nur auf der Ego-Ebene. Unsere Grenzen werden deutlich und sind für andere klar zu beurteilen.

18-8-18

Das Verständnis der Verwirklichung des Universums in der Kraft des Denkens kommt aus einer Offenbarung in der Gegenwart, der Gegenwart, die zusammenfällt mit?

Jetzt habe ich nicht verstanden, was sie gesagt haben, weil ich den Fokus verloren habe.
Oh, ich weiß, es ist mein Widerstand und meine Angst, die hochkommen. Ich hatte so lange so große Angst vor allem Spirituellen, weil ich aufgewachsen bin und alles von mir geschoben habe, also merke ich jetzt, dass ich das Channeling von mir schiebe.
Wenn ich in die Einheit eintrete, bin ich sicher, in der Einheit gibt es nur Liebe. Liebe im unendlichen Sein der Gegenwart, die jetzt meine Realität ist, wenn ich es schaffe, die Angst loszulassen, es schaffe, die Angst vor dem Sein in der Einheit loszulassen.
Die Angst vor Entwicklung?
Nein, die Angst vor Veränderung, das ist es, was ich fürchte.

Denn es war eine große Transformation und es wird unsicher. Denn das Ego fühlt, dass es einen Teil von sich selbst verliert.

Die Meister sagen:
Das Ego muss in Trance versetzt werden, in Trance in Licht und Liebe, das ist der Weg, den jeder gehen sollte.
Das Ego sollte nicht verschwinden, sondern erhöht werden und Teil des Göttlichen werden. Mit dem Ego in der Gegenwart zu sein, das ist, wenn das Ego in eine höhere Sphäre erhoben wird, sodass die Gewohnheit des Geistes verschwindet.
Die Gewohnheit von Illias Gedanken ist längst verschwunden. Erst wenn es zu einem Erlebnis kommt, das einem alten gleicht, kommen die alten Gefühle zurück und man erkennt, dass die Angst in der Erinnerung an Kindheit und Jugend noch ein wenig präsent ist.

26-8-18

Was ist der Sinn des Lebens?

Die Meister sagen:

Das Leben, wie Sie es verstehen, ist völlig anders als das Leben, das es wirklich ist. Hinter dem physischen Rahmen liegt das Wunder der Realität in einem Netz aus Energielichtwellen, aus denen unser Körper, unser Ego und unsere Seele bestehen.

Alles besteht aus Lichtwellen, Energiewellen.

Manche Menschen können diese Lichtwellen/Energiebewegungen in unserer Aura sehen, aber das ist nichts, was wir sehen müssen. Sie sind immer da und geben uns die Möglichkeit, die Realität so kennenzulernen, wie sie ist. Nicht mit unseren 5 Sinnen, sondern mit dem Verständnis der Realität.

Das Verständnis der Realität basiert nicht auf unseren 5 Sinnen, und sie verleiten uns immer wieder zu Wahnvorstellungen, denen wir nicht nachgeben müssen. Es ist also sehr wichtig, der Intuition zu folgen.

28-8-18

Heute findet das Channeling statt und es geht um die
zerstörerische Wirkung des Lebens auf die Seele.
Das passiert, wenn man gegen sich selbst handelt und
das Ego immer wieder die Oberhand gewinnen lässt.
Was dann passiert, ist, dass sich eine Membran um
das Herz legt, sodass es immer schwieriger wird, die
Intuition aufzunehmen und zu hören. Denn man
schiebt sie mit dem Willen des Egos weg, das Ego hat
einen großen Willen. Der Wille des Egos kann den
Willen der Seele problemlos außer Kraft setzen.
Deshalb haben wir so viel über Intuition gechannelt
und darüber, wie wichtig es ist, ihr zu folgen, um ein
besseres und reicheres Leben zu haben. Wenn Sie Ihrer
Intuition folgen, werden Sie in die richtige Richtung
geführt. Um die richtigen Leute zu treffen, die Sie auf
eine neue Stufe heben können. Oder um dem zu
begegnen, was Sie sehen und erleben müssen, um als
Seelen zu wachsen. Es ist nicht nur ein Plus, der
Intuition zu folgen, denn es kann auch schwer sein.
Das Sprichwort: «Es tut weh, wenn Knospen
aufbrechen».
Wenn wir der Intuition folgen, kommt nicht nur
Freude auf, sondern die Intuition hilft uns auch in die
richtige Richtung. Das heißt, wenn Sie als Mensch

vorankommen und wachsen wollen, was nicht jeder will. Sie können sich Dingen stellen, Traumata, die Sie traumatisieren können. Denn es gibt Dinge, die Sie erleben müssen, bevor Sie weitermachen, um sich im Krankheitsfall auf einer anderen Ebene zu öffnen. Sie wählen es, bevor Sie untergehen, und dann versucht die Intuition, Sie in die Krankheit zu führen. Denn Sie müssen mit dieser Krankheit Dinge erleben, damit Sie danach als Seelen wieder wachsen können. Dann werden Sie das Verständnis erlangen, das Ihnen in Ihrem Verständnis der Realität gefehlt hat.

Um als Seele zu wachsen, braucht ihr ein Verständnis dafür, dass Krankheit nicht nur falsch ist, sondern dazu da ist, euch in der Erfahrung der Weisheit aufzurichten. Auch wenn es harte Zeiten sein können, erlangt ihr viel mehr Mitgefühl und Mitgefühl für andere Kranke, wenn ihr selbst krank wart.
Wenn ihr krank seid, ist es sehr wichtig, auf eure Intuition zu hören, denn dann werdet ihr eine Botschaft bekommen, dass es gut läuft. Und wenn ihr diese Botschaft nicht empfangen könnt, dann könnt ihr euch viel, viel tiefer in die Krankheit hineinziehen, als es eigentlich beabsichtigt war. Dann lasst ihr das

Ego mit negativen Gedanken die Oberhand gewinnen, die euch nach unten und immer weiter in die Krankheit hineinziehen. So dass die Krankheit immer ernster wird. So dass ihr am Ende vielleicht nicht mehr davor gerettet werden könnt. Denn ihr habt zugelassen, dass die Gedanken und Gefühle die Botschaft der Seele übertönen.

Wenn Sie also krank werden, fragen Sie sich: „Warum habe ich diese Krankheit?" Dann können Sie es einfacher machen und sagen, wie Illia es erfahren hat, dass es einfacher ist, eine Antwort zu bekommen. Fragen Sie sich also: „Der Grund, warum ich das erlebe, ist wegen?" Dann kommt die Antwort, wenn Sie reagieren.

Denken Sie daran, dass die Reaktion der Seele sehr, sehr schnell erfolgt. Sie kommt in der Sekunde, in der Sie die Frage gestellt haben.

Wie Illia es tat, als sie von Wespen gestochen wurde. Also ging sie sofort hinein und fragte sich: „Was ist das? Warum wurde ich gestochen?" Sie benutzte den obigen Satz und bekam sofort eine Erklärung, warum, ließ den Gedanken los und dann verschwand der Schmerz.

Bitten Sie um Hilfe, wenn Sie Hilfe brauchen, und Sie werden Hilfe bekommen. Aber Hilfe kommt nicht immer so, wie Sie es sich wünschen. Die Hilfe kommt mit dem, was Sie am meisten brauchen, und das kann in Form von Krankheit, mehr Schmerz sein. Es ist ein Übergang, bei dem Sie lernen, aus dem Schmerzkörper in den Seelenkörper zu gelangen.
Der Schmerzkörper liegt als eine Schicht in der Aura und im Körper. Aus Erinnerungen an vergangene Erlebnisse, die Sie in die neue Schmerzerfahrung hineinziehen.

Kann man wählen, ob man Schmerzen haben oder nicht haben will?

Ja, alles ist eine Wahl.

Wenn ich also Schmerzen habe, was kann ich dann tun, um von diesen Schmerzen wegzukommen oder sie zu verstehen, oder sollte ich sie erleben?

Schmerzen sind auch eine Möglichkeit für die Seele, mit Ihnen zu kommunizieren.
Schmerzen kommen nicht automatisch, Schmerzen kommen oft, weil Sie Dinge immer wieder verdrängt

haben. Letztendlich brauchen wir also Schmerzen, um uns dessen bewusst zu werden und zu wissen, dass hier etwas nicht stimmt, dass hier etwas ist, das untersucht werden muss.

Wenn Sie nicht in der Lage sind, selbst herauszufinden, was diese Schmerzen verursacht hat und was die Ursache ist, dann ist es wichtig, sich Hilfe von jemandem zu holen, der sehen kann, woher die Schmerzen kommen, was hinter den Schmerzen steckt.

SCHLAF

Schlaf dient dazu, dass Menschen sich ausruhen und den Beschränkungen des Egos entfliehen. Träume sind Prozesse, die das Ego dazu nutzen, im Leben voranzukommen. Damit Sie Ihre Reise in Richtung Licht fortsetzen können. Aber das Ego wird nicht wirklich glauben, dass dies nährend und gut ist.

Die Albträume kommen, um zu zeigen, welche Angst Sie in sich tragen. Die Sie nicht bekommen, wenn das Ego wach ist. Wenn das Ego schläft, kommt die Seele und zeigt Ihnen Filme von dem, was Sie in Ihrem Leben sehen müssen. Ob es nun berechtigte Angst ist oder alte Angst, die sich in Träumen manifestiert, um Ihnen zu sagen, woran Sie festhängen.

Schlaf ist eine Möglichkeit für die Seele, sich auszuruhen, neue Nahrung aus dem Göttlichen zu ziehen. Die Seele braucht auch Freizeit, um dorthin zu reisen, wo sie sich am besten fühlt, um sich mit Liebe zu füllen.

Das Erwachen der Seele, um eins mit der Seele zu werden, findet in der Kammer des Unterbewusstseins statt. Die Seele erlangt Verständnis, während Sie schlafen, erlangt Verständnis dafür, was während des Tages passiert ist. Damit es Ihnen die richtigen Botschaften und die besten Ratschläge geben kann, die Sie brauchen, um zu wachsen.

31-8-18

Es gibt viele Möglichkeiten, eins mit der Seele zu werden. Wir können uns zum Beispiel unseres Herzens sehr bewusst sein oder zuhören, bevor wir denken. Wir sind es nicht gewohnt, zuzuhören, bevor wir denken, wir sind es gewohnt, dass das Ego denkt, denkt und denkt.

Es ist sehr wichtig, zuzuhören, wenn wir denken. Wenn wir still sitzen und nichts Besonderes tun, ist es viel einfacher, auf die Intuition zu hören, wenn wir nachdenken und mit uns selbst sprechen. Mit uns selbst zu sprechen kann ein wichtiger Prozess bei der Heilung alter Wunden sein.

Wenn wir mit uns selbst sprechen, kommen Botschaften der Seele hoch. Wenn wir über alte Traumata sprechen, kommen auch Botschaften der Seele hoch. Darüber, wie sie transformiert werden können, woher sie kommen. Wann ist das passiert, wie alt waren Sie. Welche Emotionen sind damit verbunden und welche Unwahrheiten haben Sie übernommen.

Es ist sehr wichtig, diese Unwahrheiten zu begreifen, denn sie erschaffen jeden Tag unsere Realität.

Ihre Realität entsteht auf der Grundlage der Tatsache, dass alles, woran Sie glauben, zur Realität wird.

Seien Sie also vorsichtig mit dem, woran Sie glauben. Wir glauben an so alte Dinge, an die es nicht wichtig ist zu glauben.

Wichtig ist zu glauben, dass wir göttliche Wesen sind. Nehmen Sie dieses Wissen auf, fühlen Sie dieses Wissen wirklich. Fühlen Sie in Ihrem Herzen, dass es richtig ist, dann sind Sie auf dem Weg. Wir übernehmen Wahrheiten von dem Moment an, in dem wir im Mutterleib sind. Und übernehmen ihre Gedanken und Gefühle. Und sie werden dann in unserer Aura, unserem Körper, unseren Muskeln und Gelenken gespeichert. Wenn wir also geboren werden, haben wir bereits ein Gepäck, das nicht unseres ist.

Das ist es also, was wir jetzt zu entwirren beginnen werden, unsere Geschichte zu entwirren. Eine Geschichte, die nicht unsere ist, sondern die, die wir für unsere hielten. Weil wir an diese Gedanken geglaubt haben. Und Gedanken erschaffen, und wir sind die Schöpfer der Schöpfung. Wir erschaffen unser Leben Tag für Tag mit unseren Gedanken und dem, woran wir glauben.

Zum größten Teil unsere Unwahrheiten, also können wir uns fragen, wenn uns ein Gedanke kommt: Ist das die Wahrheit meiner Seele?

Natürlich nicht, also ist es, wie ich bereits sagte, nicht deine, denn du bist die Seele.

Wir bereiten uns auf die Gedankenschöpfung vor, indem wir eine Position einnehmen, in der wir offen sind, dem Gedanken zuzuhören.

Das Lustige ist, wenn du dem Gedanken zuhörst, gibt es keinen Gedanken. Denn du bist im Jetzt, wenn du zuhörst, anstatt im Ego zu sein und nur zu denken, alte Gedanken zu denken. Alle unsere Gedanken sind alt, es kommen keine neuen hinzu.

Denn wir sind im Kopf voll mit alten Gedanken.

Wir hören die neuen Gedanken einfach nicht, weil das Ego unseren Kopf füllt. Aber wenn du anfängst zuzuhören, okay, komm mit dem nächsten Gedanken! Stille, völlige Stille. Bis wir wieder im Ego sind, kommen natürlich die alten Gedanken zurück. Versuchen Sie also, einfach zuzuhören und zu sagen: Was ist jetzt los? Was ist der nächste Gedanke? Das ist sehr wichtig, wenn Sie deprimiert sind, denn dann sind Sie sehr tief in die Gedanken des Egos eingetaucht, in die alten Gedanken des Egos.

Hören Sie einfach auf den nächsten Gedanken, dann sind sie weg, magisch!

Im Jetzt gibt es keine Gedanken, es ist einfach nur im Jetzt. Es ist wirklich einfach, ins Jetzt zu kommen und hier und jetzt zu sein. Aber im Moment ist es nicht sehr einfach, am Jetzt festzuhalten, aber Übung macht den Meister.

ENERGIE

Die Meister sagen:

Alles ist Energie, alles strahlt Energie aus, weil alles durch Liebesenergie erschaffen wird. Die Vorhänge haben also eine Energie, der Teppich eine andere und füllen den Raum mit seiner eigenen Energie, die mit

Ihrer Energie in Konflikt geraten und ein Ungleichgewicht in Ihrer Aura erzeugen kann.

Menschen, die diese physische Realität verlassen haben, können ihre Energie auch in Dingen festhalten, z.B. geerbte Möbel.

Kaufte gebrauchte Möbel und ähnliche Dinge, die sie benutzt haben.

Wenn sie mit diesen Dingen zufrieden waren oder ihnen viel bedeuteten, dann steckten sie ihre Energie in diese Dinge. Und sie beeinflussen deine Energie, deine Aura.

2-9-18

Das Leben und seine Offenbarungen sind in der Gegenwart angeordnet, dann nehmen wir nur die höchsten Energien auf.

Deshalb merkt Ingrid, dass in diesen Tagen viel in ihrem Körper passiert. Wenn man in die Gegenwart eingetreten ist und mit ihr spielt, beginnt der ganze Körper auf anderen Frequenzen zu schwingen. Damit Sie leichter gesund werden, heißt es aber nicht, dass es beim Tragen nicht unangenehm sein kann.

Ingrid fühlt sich jetzt sehr steif und steif, und das liegt daran, dass die Blutzirkulation jetzt überall läuft.

Dann wird sie all die kleinen Spannungen, all die kleinen Blockaden sehr, sehr gut spüren.

Bin ich deshalb so seltsam in meinem Körper?

Ja, Ihr Körper ist seltsam, weil es sich um einen neuen Körper handelt, der gerade geformt wird. Es entsteht eine neue Form, eine neue Form, in der Sie sich viel freier entfalten können als bisher. Auf der emotionalen Ebene ist man viel freier, man lässt sich nicht mehr so leicht vom Ego mitreißen.
Man kann es hören und fühlen, aber man muss es nicht mehr ausleben.
Es wird so, dass du eins mit deinem Körper bist, mehr als nur mit deinem Körper. Weil du jetzt immer mehr eins mit deinem Ganzen bist, nicht nur mit dem physischen Körper, sondern mit deiner gesamten Aura.
Du fängst jetzt an, mit der gleichen Frequenz zu schwingen, das ist wichtig, denn dann musst du nicht gegen deinen Körper arbeiten. Und Ihr Körper muss nicht gegen Sie arbeiten, damit er zu einer Einheit wird. Auf einem völlig anderen Niveau als zuvor.

Es klingt sehr aufregend.

Ja, es ist spannend, wenn neue Dinge passieren. Obwohl es sehr fremdartig sein mag, hast du dich geöffnet und das Channeling akzeptiert. Deshalb werden Ihnen jetzt Dinge widerfahren, die Sie als Seele wachsen lassen und körperlich immer gesünder werden. Du bist mit deinen gewohnten Gedanken schon vor langer Zeit fertig. Und ich denke, Sie sollten anfangen, sich mehr Gedanken zu machen, denn dort ist es ziemlich ruhig. Sie sollten sich also öffnen, um Gedanken von den Menschen um Sie herum zu empfangen, nicht nur von denen um Sie herum, sondern von denen um Sie herum!

Haben Bäume Tanks?

Ja, denken sie, sie kommunizieren miteinander. Und sie freuen sich über Ihr Wachstum, hier und jetzt. Verbreiten Sie also Ihr Zusammengehörigkeitsgefühl nicht nur von Ihrer Veranda aus, sondern verbreiten Sie es auch im Wald, und Sie werden eine große Veränderung bemerken.

An wen muss ich mich wenden?

Es ist wichtig, mit allem und jedem in der Gegenwart Kontakt aufzunehmen, denn jeder ist Teil der Einheit.

Kann es die Dinge in der Gegenwart beeinflussen?

Sie beeinflussen die Energieschwankungen anderer Menschen sowie Ihre eigenen. Du wirst mehr, hellere, hellere Energie. In der Gegenwart gibt es keine schlechten Gefühle, keine schlechten Gedanken. In der Gegenwart existiert nur das Hier und Jetzt, das Göttliche ewig in der Ewigkeit.

Wenn ich also einen Vogel anschaue, wie wird der Vogel dann wahrnehmen, dass ich ihn anschaue?

Es wird erleben, dass du eins mit ihm wirst, sodass seine Angst vor Menschen, vor dir, verschwindet.

Können wir ihnen auf eine Weise helfen, damit sie ihre Energie steigern können, wenn wir uns mit ihnen verbinden?

Sie sind die höchsten Wesen, alles ist göttlich.

Nur der Mensch hat ein Ego, das einen in die Irre führt, vom Weg der Seele.

Wenn also die Vögel gesehen werden und eins mit ihnen sind, verschwindet ihre Angst vor dir. Vielleicht kommen sie irgendwann sogar zu Ihnen, weil sie Ihre Freunde und Verwandten sind.

Jeden Tag, an dem ich in der Einheit bin, kommt die Einheit stärker und stärker auf mich zu. Wenn ich jetzt die Dinge betrachte und eins mit ihnen bin, sehe ich ihr Wesen, ihre Energie, Gefühle in Objekten, den Bäumen und der Natur.

11-9-18

Das Leben ist ein Geschenk an die Menschheit, um als Seelen zu wachsen.

Wir waren auf so vielen Planeten und haben viele verschiedene Realitäten erlebt. Es gibt Realitäten auf jeder Ebene, die Sie sich vorstellen können.

Das Geschenk des Lebens an den Menschen liegt nicht im Physischen, sondern im Spirituellen. Im spirituellen Leben sind die Möglichkeiten endlos.

Mit wem spreche ich jetzt?

Es ist dein großer Bruder Jesus, der bei dir ist.

Dieses Wissen ließ mein Herz höher schlagen, und das tut es jedes Mal, wenn Jesus mit mir spricht.

Ich habe Jesus von Nazareth immer meinen großen Bruder genannt, weil er mehrere Male bei mir war, bevor ich begann, dieses Buch zu channeln.

Sie sind jetzt bereit, in Ihrer Entwicklung voranzukommen. Sie sind jetzt bereit, neue Energien aufzunehmen, die Sie erheben und Ihren Körper reinigen werden. Reinigen Sie sich, reinigen Sie Ihre Aura und schließen Sie alle Löcher in Ihrer Aura, Sie brauchen es jetzt. Du wirst entkommen, dass die Toten dich quälen, die nicht wissen, dass sie tot sind.

Es wird so stark und ich möchte aufhören, ich höre Jesus Stimme sagen „hast du auch Angst vor mir?" Nein, lieber großer Bruder, aber es wird sehr stark für mich, überwältigende Gefühle, die in meinem Körper aufsteigen.

Es macht nichts, sagt er dann.

Es tut weh, wenn Knospen aufbrechen! Ich merke es jetzt, viel Schmerz hinter dem Herzen. Ich muss bis später warten, muss mich nur ein bisschen aufraffen. Ja, tu es, sagt Jesus, aber komm danach wieder.

12-9-18
Sollte heute jemand zu mir kommen?

Wir möchten euch sagen, je mehr ihr channelt, desto höhere Energien könnt ihr vom Channeln empfangen.

Mit anderen Worten, höhere Meister jedes Mal, wenn ihr channelt. Heute möchten wir den Menschen von den Eigenschaften des Lebens für den Menschen erzählen.

Es gibt viele Eigenschaften/Fähigkeiten im Leben, die von Menschen nicht genutzt werden, die aber so angeordnet sind, dass Sie diese Fähigkeiten nutzen können.

Ich spüre den Druck hinter meinem Herzen, wenn ich channele.

Ja, wir öffnen Ihr Herz, damit Sie höhere Energien empfangen können. Es muss geöffnet werden, weil dort so viel Schmerz sitzt, den Sie sich ansehen und beenden müssen.

Es ist wichtig für Ihr Channeling, ohne diesen Schmerz voranzukommen. Um empfangen zu können, was empfangen werden soll.

Ich höre jetzt, dass sich die Stimmen ändern. Es gibt viele, die ihre Weisheit und Lebenserfahrung teilen möchten.

Die weisen Meister sagen, dass hier bei mir jetzt weise Männer und Frauen aller indigenen Völker der Erde sind.

Ihr Channeling findet auf einer Energieebene statt, die sehr hoch ist. Sie gelangen nicht zu toten Menschen, die nicht weitergezogen sind, Sie gelangen nur zu den Weisen auf der anderen Seite. Die Weisen haben eine sehr hohe Frequenz in ihrer Energie, in ihrem Herzzentrum. Deshalb kommen jetzt all diese Schmerzen in Ihrem Körper hoch, damit sie gereinigt werden können.
Sie brauchen das, um als Seele weiterzumachen. Sie haben viel gereinigt, aber nicht genug.
Sie haben Anfang der 90er Jahre auf die falsche Weise gereinigt, indem Sie die Emotionen wieder aufgenommen haben.
Anstatt sich darüber zu erheben und zu sehen, dass Ihr Körper fühlt. Sie fühlen nicht, Ihr Körper fühlt.

Übung 3: Beherrschen Sie die Emotionen.
Wenn Emotionen kommen, betrachten Sie sich von außen. Der Körper fühlt, aber Sie berücksichtigen, dass der Körper fühlt. Dann müssen Sie das Gefühl nicht erneut aufnehmen.

10. Verlangen

Das Verlangen wird von einem Gedanken des Egos über etwas ausgesendet, das das Ego befriedigen wird. Befriedigung ist die wichtigste Funktion des Egos für den menschlichen Körper. Das Ego sorgt dafür, dass die Bedürfnisse des Körpers erfüllt werden: Hunger, Durst, Erfrierungen oder Verbrennungen. Die Grundbedürfnisse für das Überleben des Körpers. Wenn wir auf das Ego hören und ihm die größte Aufmerksamkeit schenken, werden wir zu verlorenen Erdlingen. Mit verlorenen Erdlingen meinen wir, dass die Stimme des Egos zur Stimme wird, auf die wir hören. Weil sie so leicht zu erkennen und laut ist, dass die liebevolle, ruhige, warme Stimme der Seele überhört wird. Die Stimme des Egos ist sehr leicht zu hören, weil sie sowohl auf Hören, Denken als auch auf Fühlen basiert.

Die Stimme der Seele ist ein sanftes, sanftes Gefühl im Herzen. Wenn wir also erst einmal angefangen haben, dem Ego zuzuhören und ihm zu folgen, ist es viel schwieriger, die Stimme der Seele zu hören und zu fühlen. Deshalb nennen wir euch verlorene Erdlinge.

Das Ego sollte euch nur lange genug am Leben erhalten, damit die Seele erfahren konnte, was sie hier unten auf der Erde tun würde.

Aber das ist nicht passiert, ihr habt euch völlig in den Wünschen eures Egos verloren. Und euer wahres Selbst vergessen, die Seele in eurem Herzen.

Deshalb wurden die Menschen immer wieder auf diesem Planeten geboren. Um, wenn möglich, den Weg zurück zu sich selbst zu finden. Zu eurem Selbst, das in euch ist, das ewig göttliche Wesen. Ein Wesen, das Sie wirklich sind, ohne das Ego, denn das Ego will der Boss sein und alles entscheiden, sodass die Seele ignoriert wird.

Der Wille der Seele ist der freie Wille im Körper, während der Wille des Egos der verschlossene Wille ist, der nur den Bedürfnissen und Wünschen folgt.

Wenn wir also den Wünschen des Egos folgen, sind wir verlorene Seelen, verloren in einer rauen Welt, in der nur sehr wenig Liebe vorhanden ist. Denn die meisten Menschen laufen mit einem verschlossenen Herzen herum.

11. Die Reise zum Licht

Die Reise zum Licht beginnt, wenn wir in unseren Körper und ins Herz eintreten. Es ist das Alpha und Omega, in den Körper einzutreten, um Frieden und Ruhe im Leben zu finden, sich wohl zu fühlen und sich weiterzuentwickeln.

Viele Menschen schweben weit über ihren Körper hinaus, und das kann aus verschiedenen Erfahrungen kommen. Große Traumata ziehen uns vom Körper weg. Denn es ist viel einfacher, außerhalb des Körpers zu sein, loszulassen und die allzu traumatischen Erfahrungen und Gefühle nicht zu erleben.

Dann wird es sehr schwierig, als Seele zu wachsen, wir müssen in den Körper eintreten, um den Weg der Seele zu gehen.

Viele Menschen haben Schwierigkeiten, hineinzukommen, weil sie vielleicht seit ihrer Geburt draußen waren.

Wie wir Menschen uns von der Realität wegdrängen, liegt daran, dass wir die Gedanken anderer aufnehmen. Die Überzeugungen und Erfahrungen anderer, anstatt unsere eigenen Erfahrungen außerhalb von uns selbst zu speichern. Es hat mit dem

Erwachsenwerden zu tun und damit, woran man glaubt.

Ich möchte eine Übung mit Ihnen teilen, die ich auf meiner Lebensreise gemacht habe. Es ist wichtig, damit zu arbeiten, Frieden zu finden und in den Körper zu gelangen.
Am Anfang hatte ich große Schwierigkeiten, in den Körper zu gelangen, also denken Sie daran: Übung macht den Meister.

Übung 4. Im Hier und Jetzt sein
Schließen Sie die Augen und atmen Sie durch die Nase ein.
Spüren Sie, wohin der Atem geht, versuchen Sie, dem Atem durch die Nase zu folgen und ihm weiter nach unten zu folgen, bis Sie das Herz erreichen.
Legen Sie Ihre Hand auf Ihr Herz. Bleiben Sie so lange wie möglich dort konzentriert, während Sie Ihren Fokus auf das Atmen loslassen.
Behalten Sie Ihren gesamten Fokus unter Ihrer Hand.
Jetzt sind Sie im Körper und im Jetzt, und alle Gedanken und Gefühle lassen nach.

Die Meister sagen:

Das unendliche Wesen des Lebens ist ein Ereignis, für das wir arbeiten müssen. Das Erwachsenwerden entfernt uns von der Einheit, denn die Evolution auf der Erde ist noch nicht so weit fortgeschritten, dass so viele Menschen in Einheit leben, dass wir niemanden haben, von dem wir lernen können. Daher muss es von Person zu Person erworben werden. Je mehr Menschen die Einheit erlangen, desto einfacher ist es für andere, die Einheit anzunehmen und zu fühlen und daran zu arbeiten, die Einheit vollständig anzunehmen.

Wenn Sie in der Einheit sind, verschwinden alle Sorgen und Nöte, alle Machtlosigkeit, alles Misstrauen und alle Unsicherheit. Im Jetzt zu sein erhebt Sie über alle Begrenzungen hinaus, das ist das Leben, in das Sie alle eintreten.

Wenn Sie in der Einheit sind, verwandeln sich Ihre Körper in Einheit und werden gesünder, gesünder und gesünder. Die Gefühle werden immer freudiger und liebevoller.

Lieber Leo, können Sie uns eine Übung geben, wie man in die Einheit gelangt?

Übung 5. In die Einheit.

Stellen Sie sich jedes Mal eine glückliche Stimmung vor, wenn Sie einen Baum, einen Schmetterling, eine Fliege oder einen Menschen betrachten.

Stellen Sie sich vor, dass Sie Liebe von allem ausstrahlen sehen. Sie müssen in Ihr Herz, in Ihren Körper gehen, um sich mit der Liebe zu verbinden. Das ist sehr, sehr wichtig, und dafür ist Illia hier. Sie ist hier, um die Herzen der Menschen zu öffnen, mit Kursen und um dieses Buch zu veröffentlichen.

Erfahrung:

Ich bin im Zug nach Oslo.

Ich liebe Bäume und die Natur, also nehme ich im Zug Kontakt auf und werde eins mit der Natur.

Plötzlich strahlt mir alles mit Freude und Liebe entgegen. Die Tränen fließen vor Glück und Dankbarkeit für die Fähigkeit, die Natur sehen zu lassen, anstatt sie anzuschauen.

13-9-18

Die geistigen Gaben der Menschen sind zahlreich, aber man muss sie selbst suchen. Es ist nicht etwas, das bequem ist, sodass jeder es sehen oder fühlen kann.

Man muss nachdenken und sich entscheiden, neue Dinge zu erleben. So wird es nach und nach kommen, wenn man reif ist, es zu sehen und zu erleben. Jesus hatte viele solcher Fähigkeiten, die wir aus der Bibel gelernt haben. Er ging durch Flammen, heilte die Kranken, ging über Wasser und erweckte die Toten wieder zum Leben.

Dies sind einige der vielen Gaben, die die Menschheit erhalten hat, um sie in dieser Realität nutzen zu können.

Wenn Sie bereit sind, Weisheit zu sehen und sich ihr zu öffnen.

Es gibt etwas, worum Sie bitten müssen. Denken Sie daran, darum zu bitten, diese Gaben zu sehen.

Wie können wir diese Gaben also sehen?

Indem wir uns auf das göttliche, spirituelle Leben einstimmen und im Einssein beten, damit uns diese Taten offenbart werden.

Gehören diese Taten auch dazu, Nahrung aus der universellen Substanz zu erhalten?

Ja, es gibt diese Gaben unter anderem.

Wenn du sagst, du willst, dass ich mit der Einheit spiele, was meinst du mit „mit der Einheit spielen"?

Mit der Einheit zu spielen bedeutet für uns, mit der Natur in Einklang zu kommen, mit der Einheit zu spielen bedeutet auch, mit der Natur zu sprechen. Wenn man in Einheit oder Eins mit der Gegenwart ist, ist es viel einfacher, Antworten von der Natur zu bekommen, sowohl von sichtbaren als auch von unsichtbaren Wesen.

Wie also nehmen wir Kontakt mit dem Unsichtbaren auf?

Indem wir offen sind, diese Wesen zu akzeptieren und voll und ganz an sie zu glauben. Glaube kann, wie man weiß, Berge versetzen.

Ich glaube an diese Wesen, habe Engel getroffen, Kobolde und dann hörte ich jemanden neben mir reden, sie sagten: „Sie sieht uns nicht.".
Wer hat dann mit mir gesprochen?

Es waren die Elfen.

Oh, die kleinen süßen Blumenelfen?

Ja, das waren sie.

Danke, ich würde sie gerne sehen, aber ich habe es nicht ganz geschafft, an sie zu glauben.

Es ist ein Geschenk, das zu dir kommt.

15-9-18
Wie kann ich im Jetzt Angst haben? Da war so viel alte Angst.
Im Jetzt gibt es keine Angst, sagt eine Stimme in mir.

Also ergo? Ich komme aus dem Jetzt, wenn die Angst kommt? Denn im Moment existiert nur das Sein.

Wenn du in der Gegenwart bist, existiert nur das Sein, das Sein im Göttlichen ohne Gefühle, ohne Gedanken.
Wenn dir Gedanken kommen, während du in der Gegenwart bist, dann deshalb, weil du diese Gedanken

haben solltest. Du kannst aus diesen Gedanken etwas
lernen.

16-9-18

Was kann ich tun, um lange im Moment bleiben zu
können, damit ich mich leichter entwickeln kann?
Lieber großer Bruder Jesus, entschuldige, dass ich dich
das letzte Mal unterbrochen habe, aber es war zu viel
für mich, es gab so viel Traurigkeit und Angst.

Ja, ich habe es gesehen, es soll dir keine Angst
machen, Liebling. Du hast dich diesem Channeling
geöffnet. Du musst wissen, dass alte Ängste
hochkommen, wenn du so viel Angst hast.
Du kannst lernen, mit diesem Gefühl umzugehen,
wenn es hochkommt, und nicht sofort hineinzugehen,
sondern dich von ihnen distanzieren zu können, wenn
du im Jetzt bist.
Du weißt, dass die Emotionen hochkommen, wenn du
aus dem Jetzt heraustrittst. Wenn du es schaffst, dich
wieder ins Jetzt zu bringen, dann weißt du, dass es
die Geschichte ist, die hochkommt. Du bist sehr gut
darin, daran zu arbeiten, die Geschichte zu entfernen,
aber es ist immer noch mehr in deiner Aura übrig.
Also werden Erinnerungen hochkommen, jedes Mal,

wenn du nicht im Jetzt bist. Deshalb hast du jetzt anstrengende Tage, weil du gerade viel in der Einheit warst. Dann kommen all die alten Dinge hoch, die du loswerden wirst. Was wirst du aus deiner Aura, deinem Körper und aus deinen Muskeln und deinem Skelett reinigen? Du musst dich reinigen, auch wenn du schon lange frei von den alten Gedanken bist, liebe Schwester, du hast noch viel zu reinigen.

Es gibt vieles, was du in der Kindheit von dir geschoben hast, was du nicht ertragen konntest. Es wurde dir als Kind einfach zu schwer, dich so außen vor zu fühlen, sowohl körperlich als auch als Mensch. Deshalb ist es wichtig, dass du, wenn Gedanken und Gefühle auftauchen, ins Jetzt gehst. Du musst nicht alles noch einmal durchmachen.

Was ist also mit dem Schmerz hinter dem Herzen, was soll ich tun, wenn er kommt?

Dann gehst du ins Jetzt, dann ist er weg.

Es stimmt, der Schmerz verschwindet, wenn ich im Jetzt bin.
Gibt es etwas, das ich anschauen kann, das es einfacher macht, im Jetzt zu sein? Fällt es mir

leichter, im Jetzt zu sein, wenn ich den Berg, einen Felsen oder die Bäume anschaue? Was ist für mich am einfachsten, um in den Moment zu kommen, um im Hier und Jetzt sein zu können?

Du hast sehr guten Kontakt zu den Bäumen, bei den Bergen bist du noch nicht so weit gekommen. Du hast schon einmal mit dem Berg gesprochen, also bist du in Kontakt mit dem Berg und den Felsen.

17-9-18
Hier ist Vidaldi, und ich werde Ihnen alles über die Raritäten des Lebens erzählen.

Die Raritäten des Lebens, die dafür sorgen, dass Sie Ihrer Intuition nicht folgen. Denn Sie denken, dass es manchmal schwierig sein kann, Ihrer Intuition zu folgen, weil dies mit den Wünschen des Egos, dem Wunsch Ihres Egos nach Befriedigung in Konflikt geraten kann. Also lassen Sie diesmal das Ego gewinnen, was passiert dann? Ja, Sie können Ihre Wünsche vielleicht befriedigen, aber gehen Sie den richtigen Weg?
Gehen Sie einen Weg, der Ihnen zugute kommt? Sie sind es gewohnt zu fliehen, weil Sie nicht darauf

trainiert sind, Emotionen zu spüren. Sobald etwas gegen den Willen des Egos geht, werden Sie fliehen. Es gibt viele Wege zu fliehen, den Wunsch, gegen Ihre Seele zu gehen. Sie kennen die meisten: Essen, Zucker, Salz, Alkohol und andere Drogen.

Aber seien Sie nicht streng mit sich selbst, das wird seit Tausenden von Jahren, Tausenden von Leben lang getan, um Ihrer Seele, Ihrer Intuition zu entkommen. Ihr denkt, es wird leichter sein, ihm zu entkommen, auch wenn es tausendmal schwerer wird. Tausendmal schwerer, weil ihr so viele emotionale Erfahrungen und Gedankenerfahrungen macht, die euch völlig vom richtigen Weg abbringen. Dann passiert es, dass ihr euch im Willen des Physischen verliert, im Ego, statt im Willen der Seele. Die meisten von euch kennen den Willen des Egos, es ist die richtige Art zu denken, aber es ist der Weg der Flucht. Ihr entzieht euch der Verantwortung für euer eigenes Leben. Denn alles läuft auf Wahl ab, die Verantwortung für das eigene Leben besteht darin, die richtige Wahl zu treffen, den richtigen Weg einzuschlagen und eins mit der Seele in eurem Herzen zu werden.

Es ist leicht, der Intuition zu entkommen und stattdessen auf etwas zu schauen, das euch fasziniert. Fasziniert von Dingen, der Faszination, die euch auf den falschen Weg führt, den falschen Weg durchs Leben.

Das unendliche Wesen des Lebens, wenn ihr dem richtigen Weg folgt, der Intuition und dem Weg der Seele.

Aber du hast so viele Leben gelebt, die vielleicht schwerer waren als dieses Leben, also hast du nichts darüber gelernt, der Intuition zu folgen, deshalb fällt es dir so schwer. Es ist nicht schwer für dich, es ist nur unbekannt.

Es ist eine Übung, die du üben musst, um wieder gut darin zu werden, damit du wieder den richtigen Weg einschlagen kannst, um deinen Weg nach vorne zu finden, zurück zur Seele im Herzen.

21-9-18

Vidaldi sagt:

Jetzt müssen wir die Entwicklung hier fortsetzen, Sie haben jetzt das Material für die Egos kanalisiert, jetzt müssen Sie Materialien für die Seelen der Menschen kanalisieren.

Wenn wir immer mehr eins mit unserer Seele werden, kommen die Dinge von selbst und die Transformationen kommen genau dann in Gang, wenn wir sie brauchen. Dann ist es nicht mehr etwas, wofür man kämpfen muss. Es kommt ganz natürlich in Ihr Leben, was Sie brauchen, um als Seele und nicht als Ego zu wachsen.

Wenn man so weit kommt, dass man immer mehr eins geworden ist

mit deiner Seele, dann ist es die Seele, die die Leitung deines Lebens übernimmt.

Dann folgst du ganz von selbst deiner Intuition, ohne nachzudenken, denn dann hörst du die erste Botschaft und folgst ihr. Du machst keine Fehler mehr, du gehst den Weg des Lichts, den göttlichen Weg zum Ziel.

Und du, Ingrid, bist hier, um vielen Menschen dabei zu helfen, auf ihrem Seelenweg voranzukommen. Sie sind hier, um dich zu treffen. Viele Ingrids sind hier, um Sie kennenzulernen, und Sie ziehen Menschen an, weil Sie die Seele einer gleichgesinnten Person sind.

Du hast viel Liebe und sie spüren keine Angst vor dir.

Deshalb haben wir uns entschieden, dir in diesem Leben einen kleinen Körper zu geben, damit die Menschen keine Angst vor dir haben, dass sie dich fürchten und dich zurückziehen.

Deshalb wurde auch Sie sehr aktiv gehalten, damit Sie nicht zu früh ausgehen, damit die Botschaft, die Sie ihnen übermitteln müssen, reiner ist als zuvor.

Um die Botschaft deiner Seele aufzunehmen, Ingrid,
ist es sehr wichtig, dass du ansprechbar bist.
Wir können nicht in Ihren Körper eindringen, um mit
Ihrer Stimme zu sprechen, wir können nur in Ihr Herz
sprechen. Sie haben noch keine so hohe Frequenz in
Ihrem Körper, dass Sie uns empfangen können. Wir
wollen das Beste für Sie, seien Sie also aufmerksam
und aufmerksam.

27-9-18

Vidaldi ist hier und ich möchte Ihnen von den
Kuriositäten des Lebens erzählen. Die Kuriositäten des
Lebens, die dazu führen, dass Sie Ihrer Intuition nicht
folgen. Für Sie kann es manchmal schwierig sein, Ihrer
Intuition zu folgen, weil sie möglicherweise im
Widerspruch zu den Wünschen Ihres Egos steht. Der
Wunsch ihres Egos nach Befriedigung und Verlangen.
Also lässt du dieses Mal das Ego gewinnen, was
passiert dann? Ja, vielleicht können Sie Ihre Wünsche
und Wünsche erfüllen, aber gehen Sie den richtigen
Weg? Gehen Sie einen Weg, der Ihnen nützt?
Du bist es sehr gewohnt wegzulaufen, weil es dir nicht
beigebracht wird, die Emotionen zu spüren. Sobald
etwas gegen den Willen des Egos geht, wirst du
fliehen.

Es gibt viele Möglichkeiten zu fliehen, den Wunsch, gegen die eigene Seele vorzugehen. Die meisten davon kennen Sie: Lebensmittel, Zucker, Salz, Alkohol und andere Drogen.

Aber seien Sie nicht zu streng mit sich selbst, dies geschieht seit Tausenden von Jahren, Tausenden von Leben, um Ihrer Seele, Ihrer Intuition zu entkommen. Du denkst, es wird einfacher sein, ihm zu entkommen, auch wenn es tausendmal schwerer sein wird. Tausendmal schwerer, weil man so viele emotionale Erfahrungen und Gedankenerfahrungen macht, die einen völlig vom richtigen Weg abbringen. Dann verliert man sich im Physischen, im Willen des Egos, statt im Willen der Seele.

Die meisten von euch kennen den Willen des Egos, ihr denkt, es sei der richtige Weg, aber es ist der Ausweg. Sie fliehen vor der Verantwortung für Ihr eigenes Leben.

Da es auf die Wahl ankommt, liegt die Verantwortung für das eigene Leben darin, die richtige Wahl zu treffen. Denn und komm auf dem richtigen Weg vorwärts und werde eins mit der Seele in deinem Herzen. Es ist leicht, vor der Intuition davonzulaufen und stattdessen etwas zu betrachten, das einen fasziniert. Fasziniert von den Dingen, die Faszination, die einen auf den falschen Weg, den falschen Weg durchs Leben führt.

Das unendliche Wesen des Lebens, wenn man dem richtigen Weg folgt, dem Weg der Intuition und der Seele. Aber Sie haben so viele Leben gelebt, die vielleicht schwerer waren als dieses Leben, deshalb haben Sie dort nichts darüber gelernt, Ihrer Intuition zu folgen, weshalb es für Sie so schwierig ist.

Es ist nicht schwer für dich, es ist einfach unbekannt. Es ist eine Übung, die Sie üben müssen, um wieder gut darin zu werden, damit Sie wieder den richtigen Weg einschlagen können, um Ihren Weg nach vorne, zurück zur Seele im Herzen, zu finden.

9/10

Ihr hier unten seid so sehr mit den trivialen Alltagsroutinen beschäftigt, die nichts bedeuten. Sie bedeuten nichts, es ist nur ein winziges bisschen Zeit im Universum. Bleibt nicht an den kleinen Details hängen. Geht hinein, sprecht mit eurer Seele in eurem Herzen, findet heraus, was eure Seele von euch will. Ihr überhört sehr leicht eure Intuition und hört sehr gut auf euer Ego, auf das ihr wirklich überhaupt nicht hören solltet. Das Ego ist ein Geschenk an euch, damit ihr auf diesem Planeten, in dieser physischen Welt überleben könnt.

Das Ego ist also nur zum Überleben da?

Ja, liebe Kinder, das Ego ist euer Schutz, damit ihr lange genug lebt. Die Seele sollte sich also in Körper, Geist und Emotionen integrieren können. Deshalb habt ihr das Ego,
um am Leben zu bleiben. Sonst hättet ihr keine Grenzen, keine Ziele und keinerlei Unterhalt. Das Ego macht dich hungrig, das Ego bringt dich dazu, an Essen zu denken. Dafür wirst du das Ego verwenden, nicht dein Leben mit dem Ego leben.
Es ist sehr wichtig, dass du Kontakt mit deiner Seele aufnimmst, denn dort ist dein wahres Leben. Das Ego führt dich direkt in den Tod.
Es ist sehr wichtig, wir können nicht genug betonen, wie wichtig es ist, mit deiner Seele in Kontakt zu treten. Es wird dich zu ganz neuen Höhen erheben, du wirst ein sehr glückliches Leben führen. Obwohl du auch als Seele auf Dinge stößt, aus denen du lernen wirst, wird es nie so schwer sein wie die Art, wie du als Ego lernst. Lernen als Ego bedeutet sehr schwere

Emotionen und traumatische Dinge und Gedanken, die dich belasten.

Wenn du als Seele lernst, wirst du sagen: „Das ist es, was ich mir ansehen musste." Okay, ich integriere es, verdaue es und schaue, was ich tun kann, um es zu ändern. Und dann gehe ich weiter, und dann ist es vorbei.

Das Ego hängt an allem, dann hängst du an deinen Gedanken und Gefühlen. Dass es fast unmöglich ist, davon loszukommen. Eine Reinigung ist also absolut notwendig. Arbeite wiederum mit Gedanken und Gefühlen, da steckst du im Physischen fest.

Anstatt im Geistigen mit deiner Seele hier auf der Erde zu sein. Dein Ego will so viel, will Macht, wünscht viel, wünscht das Leben auf eine völlig falsche Weise. Befriedigung will, das Ego will gesehen und gehört werden.

Wenn du eins mit der Seele bist, ist es nicht so wichtig, gehört zu werden, es ist nicht so wichtig, gesehen zu werden. Denn man IST einfach und lebt im Sein des unendlichen Augenblicks.

Was ist also der einfachste Weg, um dann mit unserer Seele in Kontakt zu kommen?

Bleibe fast die ganze Zeit im Augenblick, dann bist du in Kontakt mit deiner Seele, dann bist du deine Seele. Dann ist das Ego weg, und du fragst dich vielleicht, wie es vorher wirklich war, als du im Ego warst.
Das Jetzt ist also das Alpha Omega des Einsseins mit der eigenen Seele.

Ich weiß, ich erfahre Heilung, wenn ich im Jetzt bin, eins mit meiner Seele. Fühle, wie alles vollkommen still wird, atme tief durch, spreche ganz ruhig. Weiß nicht so recht, wie ich es erklären soll? Ein neuer Tonfall beim Sprechen, alles wird auf eine Art weich und angenehm.
So fühle ich mich genau hier und jetzt.

11/10
Diese Nachricht ist sehr wichtig.
Wir haben Nachrichten, die viele schockieren, viele in Angst und Schrecken versetzen werden, aber sie sollen euch nicht erschrecken. Sie sollen euch darüber aufklären, was in der physischen Welt ist. Die physische Welt besteht aus vielen Dimensionen der physischen und körperlichen Realität.

Viele Menschen glauben, dass nur ihre physischen Körper auf der Erde existieren, aber es gibt viele Körperschichten.
Viele Dimensionen von Körpern, Körper in verschiedenen Stadien ihrer Entwicklung. Einige sichtbar, viele unsichtbar.

Was meinst du mit unsichtbar? Denkst du an die Toten?

Ja, unter anderem, aber nicht nur die Toten sind unsichtbar. Es gibt viele Wesen um uns herum, die wir nicht sehen, die es aber schaffen, eure Entwicklung zu blockieren, wenn ihr es zulasst. Ihr werdet also gestört, wenn ihr etwas tut, das euch wichtig ist, und werdet vom Meditieren abgehalten. Ihr werdet davon abgehalten, euch darauf zu konzentrieren, das Beste für eure Seele zu tun.

Was für Wesen sind das also?

Es gibt Dämonen, es gibt Kleiderbügel, es gibt Wesen von anderen Planeten, die für Sie auf der Erde nicht sichtbar sind.

Es gibt viele Arten von Wesen, die Ihre Energie nutzen, um sich zu ernähren, sie brauchen Ihr Licht zum Leben.

Aber sie geben nicht zu, dass sie dieses Licht brauchen, deshalb sind sie unsichtbar um Sie herum.

Andererseits betonen wir, wie wichtig es ist, der Intuition zu folgen.

Mit wem spreche ich?

Viraldi.

Okay, Viraldi. Wie können wir also vermeiden, von diesen Geistern geführt und abgelenkt zu werden?

Wie ich sagte, ist Intuition die Lösung für all Ihre Probleme, sowohl emotional, mental als auch erfahrungsmäßig.

Es ist so wichtig, im Jetzt zu sein und eins mit der Seele, nur dann sind Sie Sie selbst. Dann fühlen Sie wirklich, was Sie sind, und nicht, was sie Sie fühlen lassen wollen.

Ja, aber das kann den Leuten sehr Angst machen.

Ja, wir wissen das, aber es ist wichtig, dass Sie es wissen. Sie haben in der Vergangenheit von Drachen und Dämonen gehört, es gibt sogar Dämonen, die auf Kirchen gesetzt wurden. Viele Kirchen haben Dämonen als Wächter, und woher bekommen sie diese Bilder der Dämonen?

Ja, sie sind real, also seien Sie vorsichtig, wofür Sie sich öffnen. Und holen Sie sich Hilfe, um das zu beseitigen, was bereits feststeckt und den Geist in die Irre führt.

Oder wie ich sagte, gehen Sie ins Jetzt, werden Sie eins mit dem Jetzt, seien Sie im Jetzt, nehmen Sie Kontakt mit Ihrem Herzen auf, gehen Sie in Ihre Herzkammer und nehmen Sie Kontakt mit Ihrer Seele auf. Oh, wenn Sie es nur immer öfter tun könnten, dann hätten wir das Paradies auf Erden.

Es gibt viele Seelen, die jetzt auf dem physischen Weg sind, aufzuwachen, um Kontakt mit ihrer Seele aufzunehmen, damit das Ego zu einer Seele werden kann, anstatt nur ein Ego zu sein. Viele Menschen wachen jetzt auf und sie brauchen deine Hilfe Ingrid, sie brauchen wirklich deine Hilfe. Du wirst viele Anfragen erhalten, ob sie dir dabei helfen können, Dinge aus ihrer Aura zu entfernen, aber dann musst du nicht mehr so viel damit arbeiten. Dann bittest du sie einfach, ins Jetzt zu gehen, im Jetzt zu sein, und sie werden nach und nach weggeputzt. Es ist sehr wichtig, dass sie im Jetzt sind, sonst kommt alles andere herein und übernimmt ihre Macht, übernimmt ihre Gedanken, übernimmt ihre Emotionen.

Gibt es eine Möglichkeit, uns vor diesen Wesen zu schützen, die wir nicht sehen können, und den Toten, die sich an uns klammern, um unser Licht zu bekommen und uns Energie abzusaugen?

Ja, und diese Möglichkeit besteht darin, im Jetzt zu sein, Illia, eins mit der Seele im Jetzt zu sein, denn du bist in der Seele, wenn du im Jetzt bist.
Alpha und Omega, wir haben das schon einmal gesagt, es ist sehr, sehr wichtig. So wichtig, dass wir es nie oft genug sagen können.
Es wird sich wie eine Wiederholung in diesem Buch von dir anfühlen, Illia.

Denn wir bestehen darauf, im Moment zu sein und deiner Intuition zu folgen, aber das ist das Wichtigste, was dir in deinem Leben passieren kann, um dorthin zu gelangen.

Dahin zu gelangen, wo du es wirklich schaffst, deiner Intuition zu folgen oder im Jetzt zu sein. Denn dann bist du eins mit der Seele und alles andere ist weg. Du sitzt nicht im Jetzt und gerätst in Gefühle oder Gedanken, das existiert im Jetzt nicht. Geh also ins Jetzt, in die Einheit.

12/10
Was willst du mir heute sagen?

Die Bruderschaft der Menschen empfindet nichts für die Tiere, denn sie haben ihre Herzen vor den Tieren verschlossen, um sie essen zu können.
Aber viele junge Leute, die heute aufwachsen, wollen die Tiere nicht essen. Ihr lebt in einer Welt, in der die Menschen ihre Herzen vergessen haben, vergessen, auf einander aufzupassen. Sie sind so materialistisch geworden und wollen nur noch haben und haben, begehren und begehren.
Und sie haben vergessen, auf einander aufzupassen, vergessen, einander zu lieben.
Die Seelen lieben sich alle, unabhängig von Hautfarbe oder Religion.
Alle Seelen sind eins miteinander, näher als Geschwister. Du fühlst das, Illia, und du hast das dein

ganzes Leben lang gespürt. Du wurdest mit einem großen Herzen geboren, jetzt wird es noch größer. Und es ist sehr wichtig, sein Herz zu öffnen. Traue dich, verletzt zu werden, traue dich, dein Herz zu öffnen, um zu fühlen, und fühle auch, was andere fühlen. Es ist ein wichtiger Teil des Menschseins, des Mitmenschen.

Fähig zu fühlen, womit andere zu kämpfen haben und was andere fühlen, damit man ein Verständnis für ihren Platz im Universum entwickelt.

Da sind Sie eine sehr begabte Therapeutin, Illia. Es ist wichtig, dass Sie auf Ihre Seele eingehen, wenn Sie mit Menschen arbeiten. Denn Sie bekommen einen viel tieferen Kontakt mit der Seele der Person, mit der Sie arbeiten, wenn Sie auf Ihre Seele eingehen. Es ist sehr wichtig, dass Sie im Hier und Jetzt sind, wenn Sie mit Menschen arbeiten, sehr, sehr wichtig.

Um die Herzen Ihrer Mitmenschen zu öffnen, Illia, müssen Sie Kontakt mit Ihrem eigenen Herzen aufnehmen, wenn Sie mit ihnen arbeiten, während Sie gleichzeitig in der Einheit sind. Nehmen Sie Kontakt mit Ihrer eigenen Seele auf und seien Sie mit Ihrer eigenen Seele im Hier und Jetzt, und nehmen Sie ihre Seele ins Jetzt und kommunizieren Sie auf Seelenebene mit der Person, die Sie behandeln. Das ist viel wichtiger, als mit dem Ego zu kommunizieren.

Möchten Sie mir heute noch etwas sagen?

Es ist so schön, mit Ihnen in Kontakt zu treten und mit Ihnen zu sprechen. Vorher habe ich nur die Nachricht angenommen und geschrieben, aber jetzt fühle ich, dass ich Herzenskontakt mit dir habe.

Wir fühlen das auch, und es ist sehr gut, Herzenskontakt mit dir zu haben. Wie könnten wir dir deiner Meinung nach helfen, wenn wir keinen Kontakt mit deinem Herzen hätten? Wir channeln durch dein Herz. Hier treffen wir uns, nicht in deiner Aura, nicht von außen.
Wir treffen uns in deinem Herzen, mit der Seele, die du channelst. Du hast jetzt ein bisschen Probleme mit dem Channeln, Schwester, aber es kommt, es wird helfen. Es wird immer besser, und mit der Zeit hörst du die Stimmen leichter.
Du kannst zuhören, indem du übst, auf deine eigene Stimme zu hören, wenn du mit dir selbst sprichst.
Dann hilft es, und dann wird es auch einfacher, uns zuzuhören.

Vergiss nicht, du bedeutest uns sehr viel, du bist unsere Schwester, in vielerlei Hinsicht bist du unsere große Schwester.
Du hast viel erlebt, was wir nicht erlebt haben, aber wir haben die göttliche Weisheit, mit der wir dir helfen können, und da haben wir eine größere Weisheit als du.

Ich weiß es, und ich bin so dankbar, dass du es mit mir teilst, damit ich als Seele wachsen kann.

Wir möchten, dass du still sitzt und dich lange Zeit auf einen einzigen Punkt konzentrierst, das ist sehr wichtig. Sehr wichtig für dich, die Einheit heute so lange wie möglich voll und ganz zu genießen.

Es gibt so vieles, was den Fokus ablenkt.

Das ist eine Konzentrationsübung, die du brauchst, übe Konzentration.

Ich sehe jetzt, dass ich, wenn ich mich auf einen Punkt konzentriere, keine Angst davor haben muss, zu sehr in der Gegenwart zu sein.

Ich habe mich nicht verändert, nur der Weg hat sich geändert. Der Weg wird leichter zu gehen, der richtige Weg.

Das stimmt, jetzt fängst du an zu verstehen.

Ich habe das Gefühl, dass ich auch mehr Heilung erfahre, wenn ich mich auf einen Ort konzentriere.

Wir sind hier, um die Menschheit zu erheben, und das sind Sie auch. Wir sind hier, um die Menschheit in eine neue Ära zu erheben.
Ein neuer Ort, von dem aus man leben kann, um aus dem Herzen statt aus dem Kopf zu leben. Es ist sehr wichtig für die Menschheit, zum Herzen vorzudringen. Wenn sie den Planeten lieben, auf dem sie leben, dann ist das der einzige Weg.

Was ist dann der einfachste Weg, um vom Kopf zum Herzen zu gelangen?

Der einfachste Weg ist, sich auf einen Punkt in der Natur zu konzentrieren. Bleiben Sie so lange wie möglich und so oft wie möglich auf den Punkt konzentriert. Dann werden Energiewellen um das

Objekt herum sichtbar, sodass sie sehen können, dass alles durch Energie geschaffen wird.

Ja, ich habe die Energiewellen/Lichtwellen gesehen, von denen wir alle ein Teil sind.

Ja, Illia, es ist wichtig, dass du davon erzählst. Wie wir alle durch Lichtwellen verbunden sind, Lichtwellen lieben.

Ja, das werde ich und mache das schon seit einiger Zeit.

Nicht genug, bring es in allen Gesprächen zur Sprache.

Deshalb ist es wichtig, dass sie wissen, dass es Lichtwellen sind, die uns zusammenhalten.

Ja, sonst verstehen sie es nicht, sie verstehen den Kontext nicht, den du verstehst.
Die Verbindung zwischen Energie und Mensch, das ist es, was sie lernen müssen. Lerne, dass jeder Energiefaden oder jede Energiewelle Nahrung für die Seele ist. Es kann auch Energiewellen zu anderen

geben, die verbunden sind, aber sie sind eine völlig andere Substanz als die spirituelle Energie.

Wir wissen, dass du sehr gut mit der Gegenwart umgehen kannst, dass du sehr auf die Gegenwart fokussiert bist.

Egal, wo du bist, du verbindest dich mit der Einheit und wir sind sehr dankbar dafür. Dann wird es für uns einfacher sein, eine Nachricht zu verfassen, viel einfacher.

Sie haben versucht, dich davon abzulenken, den Kanal beim letzten Mal zu verlieren, aber wir haben ihn lange genug auf Sendung gehalten, sodass die E-Mail spät, aber sicher ankam.

Ja, ich habe bemerkt, dass sie nicht wollten, dass diese Weisheit geteilt wird!

Wenn wir zu dir kommen, wenn du dich uns öffnest, wird die Welt besser. Die Einheit verbreitet sich, Illia, wenn du in der Einheit bist, verbreitest du das Jetzt durch Osiris. Osiris ist zu dir gekommen, denk daran. Er ist bei dir und war es schon immer, er möchte einen viel tieferen Kontakt mit dir, als er bisher hatte.

Wie kann ich am besten mit Osiris in Kontakt treten?

Indem Sie auf die Stimme hinter Ihrem Herzen reagieren. Die Seele ist im Herzen, aber im Raum hinter dem Herzen ruht Osiris, das haben Sie selbst gesehen.

Sie haben noch Zeit, Ihre Botschaft zu verbreiten. Wenn Ihnen gesagt wird, Sie sollen irgendwohin reisen, dann reisen Sie.

Wenn Ihnen ein Ort in den Sinn kommt, dann reisen Sie. Es ist wichtig, Sie haben Geld zum Reisen und Sie werden mehr Geld bekommen. Das Geld kommt jetzt zu Ihnen, das verstehen Sie. Sie brauchen es, denn Sie werden weit reisen, bevor Sie mit Ihrem Körper reisen können.

15-10-18
Wir haben heute auf dich gewartet.

Ja, ich lasse mich schnell ablenken.

Es ist deine Entscheidung, worauf du dich konzentrieren willst.
Du bist zu uns gekommen, denk daran, du hast darum gebeten.

Habe ich in diesem Leben hier darum gebeten?

Ja, das hast du, schon bevor du in dieses Leben
gegangen bist, hast du uns gebeten, dir in diesem
Leben zu helfen.
Setz dich hin und nimm Kontakt mit diesem Baum
dort auf, diesem Wesen im Baum auf dem kleinen
Punkt, auf den du dich jetzt konzentrierst.

Wenn ich mich eine Weile auf diesen Punkt
konzentriert habe, verschwindet er.

Es spielt keine Rolle, du musst dich konzentrieren.
Wir kommen hierher, um neue Lektionen beizutragen,
die nur sehr wenige Menschen auf der Erde zuvor
gehört haben. Es ist wichtig, dass du hörst, was wir
sagen, denn oft geht es an dir vorbei, was wir sagen.
Du bedeutest uns viel, Illia, du hast eine wichtige
Aufgabe. Sie haben hier auf der Erde eine wichtige
Mission, eine sehr wichtige Mission.
Mit der Zusammenarbeit mit Osiris, Ihrem höheren
Selbst, Ihrem Helfer in diesem Prozess, um als Seele
voranzukommen.
Haben Sie keine Angst, Ihr Ego loszulassen.

16/10

Wir möchten Ihnen sagen, dass Sie sich gut konzentrieren und uns große Meister kanalisieren. Das können nicht viele Menschen. Wir haben Sie jetzt in Bewegung gebracht, damit Sie uns jeden Tag besser zuhören und hören.

Sie müssen reagieren, denn dies sind wichtige Botschaften, die wir überbringen. Wir wissen, dass Sie kämpfen und weglaufen möchten, und das ist in Ordnung, Ihr Ego kämpft jetzt. Das Ego kämpft jetzt um die Macht, wissen Sie, es dauert einige Zeit, aber dann gewinnt die Seele diesen Kampf.

Nehmen Sie sich das jetzt zu Herzen und wissen Sie, dass es nicht gefährlich ist, es ist nicht beängstigend. Es ist nur ein bisschen anders, eine kleine Veränderung in Ihrem Leben.

Es hat eine viel bessere Wirkung auf Ihren Alltag.

Wirkung mit was?

Hören Sie der Natur zu, hören Sie unsere Stimmen viel deutlicher. Channeling ist viel einfacher und viel länger, viel besser für uns und für Sie, wenn Sie konzentriert sind.

Erlauben Sie uns, mit Ihnen zu arbeiten, erlauben Sie uns, Ihren Körper und Ihre Seele und Ihr Ego zu verändern. Erlauben Sie uns, Sie zu heilen.

Ja, ich entscheide mich hier und jetzt, es zuzulassen.

Danke, wir müssen Sie heilen, dann ist es für uns viel einfacher, höhere Botschaften zu übermitteln.
Höhere Botschaften, die die Menschheit braucht. Dann sagen wir Danke für heute

17/10
Ich bin jetzt bereit!

Das ist gut, dann bist du bereit. Während du dich jetzt konzentrierst, nimm mit offenen Ohren und Augen an, was wir sagen. Wir glauben, dass du jetzt für deine Mission bereit bist, du kannst jetzt mit der Reise beginnen. Jetzt gehst du nach Spanien und suchst dort jemanden. Es gibt eine Person, die in der Nähe deines Zielorts lebt. Sie glaubt an uns und braucht Hilfe, um weiterzukommen.

Ich habe einen Namen und eine Adresse bekommen. Ok, wer hat mich geschickt?

Deine Helfer. Sie wartet auf dich.

Sie wartet sehnsüchtig auf diese Illia, sie braucht dich,
um auf sie aufzupassen, weil sie uns wichtig ist. Übe
dich im Zuhören, wir brauchen dich jetzt, um
aufmerksam zu sein, denn jetzt beginnt deine wahre
Arbeit. Es kommt eine Zeit, in der du im Jetzt völlig
offen und bereit bist. Übe einfach so viel wie möglich in
der Konzentration und der Einheit.

Wir kommen heute, um Ihnen von Ihrer Reise nach
Spanien zu erzählen und von der Weisheit, die Sie
dort mit ihr teilen werden. Das Wichtigste, was Sie
mit ihr teilen, ist, dass Sie ihr zuhören und was sie
Ihnen zu sagen hat.
Dann wird Ihnen gesagt, was Sie als Nächstes erzählen
sollen.

Also werde ich ihr einfach zuhören? Hören, was sie
mir sagt und im Moment sein, während ich mit ihr
spreche?
Warum ist sie für Sie wichtig?

Wir brauchen sie, um auf die andere Seite zu gelangen.

Sie hat eine wichtige Aufgabe, die sie lernen muss, bevor sie wieder auf die Erde geboren wird. Sie wird der Menschheit helfen, vorwärts zu gehen, auf den richtigen Weg.

Danke, jetzt verstehe ich, warum sie wichtig ist.

18-10-18
Was möchtest du mir heute mitteilen?

Erinnerst du dich, dass wir dir gesagt haben, dass es jetzt das Ende der Kanalisierung zum Ego ist, dass es jetzt die Kanalisierung zu den Seelen ist.

Du hast jetzt einen Punkt erreicht, an dem du reagieren musst, sehr reagierend, weil du nicht alles verstehen würdest, was du zu hören bekommst.
Es gibt viele Dinge, die Seelen hören müssen.
Reagiere auf alles, was du kannst, und du wirst die wichtigsten Dinge bekommen. Wir müssen wissen, was du bekommst.
Unsere Vision für die Zukunft der Erde ist, dass du umherreisen und die Herzen der Menschen öffnen solltest. Man wird dir sagen, wann und wohin du reisen sollst, und du wirst dort von der Person

empfangen, die dich braucht und dich weiterführen kann.

Es beginnt in Spanien, du wirst diese Frau aufsuchen. Sie erwartet eine sehr schlechte Nachricht, also erschrecke sie nicht, damit sie zu früh aufbricht.

«Ich habe eine starke Frau getroffen! Sie war tot und wollte meinen Körper übernehmen! Ich musste kämpfen, damit sie weitermacht.» Das sind Tests, die ich von den Meistern bekomme, um zu sehen, wie bewusst ich bin.

Dein Totem ist ein Geisterwächter, und du bist wirklich ein Geisterwächter. Du und Osiris sind ein absolut magisches Paar. Baue also jeden Tag mehr Kontakt mit Osiris auf. Verbringe jeden Tag eine halbe Stunde damit, mit Osiris zu sitzen und zu sprechen. Es ist wichtig, Illia, du hast hier auf der Erde eine sehr wichtige Mission zu erfüllen. Wir brauchen dich für diese Aufgabe. Es ist wichtig für die Gesundheit der Erde, die Menschen in die Einheit/das Jetzt zu bringen.

Wichtig für die Gesundheit der Erde und der Menschen und der Erde als Ganzes an ihrem Platz im Universum.

Wir denken an dich, wir sind jetzt den ganzen Tag bei dir und werden es noch lange sein.
Aber vergiss nicht, auf die richtige Stimme zu hören, die Stimme, die aus deinem Herzen kommt.

26-10-18

Ich sitze hier und übe, einen Punkt im Moment zu betrachten, dann fangen wir an, über das Ego und die Seele zu sprechen. Ich frage, ob sie mir helfen können, die Geister zu entfernen, die in meiner Aura sind?

Wir haben dir dabei geholfen, sagen sie, sie sind weg, diejenigen, die weggehen sollten, sind weg.

Was ist mit Laila, der Kleinen, die links in meiner Aura saß und mir seit meiner Kindheit folgte. Sie, die mir mein ganzes Leben lang Angst vor den Geistern machte?

Nein, du musstest sie erleben, um zu verstehen, dass die Angst nicht deine war.
Wenn wir in der Seele sind, dann ist alles für uns arrangiert, dann ist der Weg geradeaus vorbereitet.
Aber wenn wir im Ego sind, dann haben wir keine Kontrolle über unser Leben, dann sind wir allein.

Deshalb bekommen wir so viel aus Dingen in unserem Leben, die wir nicht erleben mussten. Deshalb haben wir einen so langen Weg vor uns, weil wir das Ego regieren lassen.

Der Weg der Seele ist unser göttlicher Weg, der Weg des Egos ist der Weg des Fleisches. Wir können uns entscheiden, dem Weg des Fleisches zu folgen, es wird ein schwerer Weg hier auf der Erde sein, wo es so primitiv ist und nur wenig Energie hat.

Folgen Sie also dem Weg der Seele, es ist der richtige, einfache Weg. Ob wir dem Weg der Seele folgen, ist jedem selbst überlassen, man kann auf seine Intuition hören. Oder man bekommt die Intuition ab und zu, solange man sich nicht auf die Seele konzentriert.

Wenn wir anfangen, uns auf unsere Seele zu konzentrieren, bekommen wir viel mehr von unserer Intuition mit.

Es wird viel einfacher sein, zu hören, was die Seele uns sagen wird, als wenn wir nur ab und zu unserem Bauchgefühl folgen. Es reicht nicht aus, den einfachen, richtigen Weg zu finden.

27-10-18

Wir kommen jetzt, um euch alle in der Entwicklung eine Stufe höher zu heben. Die Evolution braucht euch jetzt, damit die Erde überleben kann.

Die Erde ist eure Mutter. Die Erde gibt euch alles, was ihr braucht, aber ihr habt die Erde so fatal ausgenutzt, dass sie jetzt Probleme hat. Sie hat Probleme, Reinheit und Gleichgewicht zu bewahren.

Ihr seid es, die ihr helfen müsst, ein neues Gleichgewicht zu schaffen. Ihr seid auf einem guten Weg, aber es gibt noch Arbeit zu erledigen, und diese Arbeit muss im Bewusstsein erledigt werden.

Es ist das Bewusstsein, das die Erde auf ein neues Energieniveau hebt.

Die Zeit ist reif für dich, Illia, jetzt, um mit deiner Energie und Liebe in die Welt hinauszugehen. Die Zeit ist reif für dich, dein Herz vollständig zu öffnen.

Klingt das beängstigend?

Wir wissen das, Illia, aber es ist nicht beängstigend, denn dann verschwindet alles Beängstigende.

2-11-11

Ihr Ego kämpft jetzt, es weiß, dass es bald seine Macht verlieren wird, und es glaubt, es würde sterben.

Sollte das Ego nicht sterben?

Nun, auf einer Ebene nicht vollständig.

Was meinen Sie mit „nicht vollständig"?

Ihr Ego wird in gewisser Weise erhöht. Ihr Ego verschwindet nicht, weil es Ihnen das Gefühl gibt, hungrig und durstig zu sein.
Aber es hat nicht die volle Macht über Ihre Gedanken, Gefühle und Emotionen.

Wir sind heute hier, um Ihnen vom unendlichen Wesen des Lebens zu erzählen. Das unendliche Wesen des Lebens besteht darin, dass Sie bei allem, was Sie tun, eins mit Ihrer Seele sind. Dann werden Sie ein völlig anderes Leben führen. Ein Leben, das Sie wirklich jeden Tag genießen können.

Wie kann ich dem Pfad der Seele leichter folgen?

Hören Sie auf Ihr Herz, gehen Sie in Ihr Herz.
Verwenden Sie den Satz: „Wie fühlt es sich für mich
an, eins mit der Seele in meinem Herzen zu sein?".
Verwenden Sie diesen Satz. Sie haben diesen Satz
schon oft verwendet und kommen Ihrer Seele jedes
Mal näher.

So gut zu hören. Den Satz verwende ich auch, um den
Toten nach Hause zu helfen. „Wie fühlt es sich an, eins
mit der Seele in Ihrem Herzen zu sein?"
Wenn ich das zu den Toten sage, werden sie im Nu
wieder erleuchtet und jung!

Ja, dieser Satz funktioniert, er ist magisch. Es ist
wichtig, dass Sie ihn in Spanien verwenden,
verwenden Sie ihn bei jedem, den Sie treffen. Wir
möchten, dass Sie viel unterwegs sind, wo Sie
Menschen treffen, Menschen, die Ihre Energie
brauchen, wenn Sie unterwegs sind.
Sie sind ein Licht für Ihre Mitmenschen und sie
werden Ihr Licht bemerken, wenn Sie mit ihnen
sprechen.
Und sie nehmen das Licht auf, wenn Sie mit ihnen
sprechen.

3-11-18

Sie kämpfen jetzt mit Ihrem Körper, aber es wird immer besser, je länger Sie das Licht in den Dingen sehen.

Je länger Sie die Seele und das Bewusstsein in allem, was ist, sehen, desto gesünder werden Sie sein.

Vereinbaren Sie mit Ihrem höheren Selbst, wie Sie in Bezug auf ihn vorgehen. Sie müssen jeden Tag mit Osiris zusammenarbeiten.

Ihr Ego kämpft jetzt, lassen Sie es kämpfen.

Zwingen Sie sich, das zu tun, was Sie wollen, und lassen Sie das Ego nicht die Oberhand gewinnen.

Wir senden Ihnen eine Nachricht von Osiris Illia.

Er sagt, Sie versuchen, Kontakt aufzunehmen, aber Sie sind nicht lange genug konzentriert, um Kontakt aufzunehmen.

Es ist sehr gut, dass Sie ihn vor sich sehen.

Sie müssen auf einer tieferen Ebene mit ihm in Kontakt treten.

Was meinen Sie mit auf einer tieferen Ebene?

Auf der Gefühlsebene, der Sicherheitsebene, der Gedankenebene. Auf allen Ebenen gleichzeitig.

Danke, das musste ich wissen.

Wenn du im Ego bist, wird der Lebensweg schwer und schwierig. Wenn du in der Seele bist, ist alles arrangiert.
Wenn du dein höheres Selbst aufnimmst, wird das Leben noch einfacher. Das höhere Selbst hat alle Macht, alle Macht, um zu erschaffen, was du immer brauchst. Alle Macht, um dich als Meister Illia zu präsentieren. Du wirst jetzt Wissen erlangen, das deinen Sinn für die Realität erschüttern wird.
Wir werden dir sagen, dass du Osiris bist, der große Meister von Sirius.

Als ich darüber nachdachte, sagte mir mein physisch lebender Helfer, dass ich Osiris sei. Aber ich schob es weg, weil es mir zu unheimlich wurde.

Erfahrung:
1997 traf ich einen Mann, der mir sagte, ich sei Osiris. Er sagte, er habe viele Jahre nach mir gesucht, um mir diese Botschaft zu überbringen.

Du bist hier auf die Erde zurückgekehrt, um den Lebenden und den Toten zu helfen, den Weg ins Herz zu finden.

Wie kann ich Osiris also stärker in mein Leben integrieren?

Indem ich im Herzen Kontakt mit ihm aufnehme. Indem ich zeige, dass du an ihn glaubst.

Ich glaube an ihn, ich habe ihn gesehen. Denke ich deshalb, ich sei männlich und weiblich?

Osiris ist männlich und ich bin weiblich. Da haben Sie die Einheit.

So aufregend.

Sie wartet sehnsüchtig auf diese Illia, sie braucht dich, um auf sie aufzupassen, weil sie uns wichtig ist. Übe dich im Zuhören, wir brauchen dich jetzt, um aufmerksam zu sein, denn jetzt beginnt deine wahre Arbeit. Es kommt eine Zeit, in der du im Jetzt völlig

offen und bereit bist. Übe einfach so viel wie möglich in der Konzentration und der Einheit.

Übung 6. Entfernen Sie die Grenze zum Herzen. Setzen Sie sich mit geschlossenen Augen hin und versuchen Sie, Ihre Seele in Ihrem Herzen zu spüren. Nehmen Sie Kontakt mit dem Bewusstsein im Herzen auf, versuchen Sie, die Energie der Seele zu finden, die vom Herzen ausstrahlt. Das geht in den Körper und in den ganzen Körper hinaus und es entfernt Ihre Grenzen zum Herzen.

5-11-18
Heute wollen wir die Denkprozesse des Lebens vermitteln. Denkprozesse sind die Art und Weise, wie wir unsere Gedanken pflegen und verfeinern. Wir verfeinern und pflegen unsere Gedanken, indem wir Gedanken als Geschenk im Bewusstsein speichern. Aber es ist ein Geschenk der Gedanken, die wirklich gut für Sie sind. Die Gedanken, die nicht gut für Sie sind, sollten weggespült werden. Sie können von Geistern in Ihrer Aura oder aus der Vergangenheit stammen.
Sie nehmen die alten Gedanken und schicken sie weg, wie Sie es tun. Ein einfacherer Weg, das zu tun, ist

anzuerkennen, dass es nicht Ihre sind. Andere haben Sie es glauben lassen, Sie glauben es nicht. Sie haben es nie geglaubt, Ihre Seele hat es nie geglaubt! Wenn also alte Gedanken auftauchen, nehmen Sie Kontakt mit dem Herzen auf und finden Sie heraus, ob die Seele daran glaubt. Spüren Sie das Gefühl des Gedankens und die Gedanken rund um das Gefühl. Ist es Ihrs oder ist es das eines anderen?

Wir möchten, dass Sie jetzt dem Vogelgesang lauschen. Hören Sie wirklich zu und versuchen Sie zu verstehen, was sie einander sagen. Versuchen Sie, heute noch länger konzentriert zu bleiben als gestern.
Sie werden irgendwann feststellen, dass wir viele sind, die hier sind, um Ihnen zu helfen und zu Ihnen zu channeln.
Es kommen viele vorbei und möchten ihre Weisheit mit Ihnen teilen.
Sie sind Indianer, Aborigines und Maori. Jeder kommt vorbei, um Sie zu begrüßen und zu Ihnen zu channeln, also seien Sie offen und akzeptieren Sie.

Heute sprechen wir über das Gebot „Du sollst nicht stehlen". Nicht stehlen hat auch mit Energie zu tun. Energiediebe gibt es viele.

Sie sind um uns herum, um uns zu quälen und zurückzuhalten, damit das Licht nicht gewinnt. Sie müssen sie kennenlernen. Jedes Mal, wenn Sie wirklich müde werden, ist ein Energiedieb anwesend.

Versuchen Sie, sich darauf zu konzentrieren, ob Sie herausfinden können, wo sie sind. In welche Richtung und drängen Sie sie aus Ihrer Aura. Das ist sehr wichtig.

Energiediebe gibt es in allen Formen und Größen. Sie können als Vogel zu Ihnen kommen, um Ihre Energie zu stehlen.

Seien Sie also vorsichtig, wenn Sie mit Lebewesen, Menschen und Pflanzen oder was auch immer zusammen sind. Beachten Sie, dass sie Ihnen Energie rauben, wenn Sie müde werden.

Sie haben bemerkt, dass Sie neulich sehr müde waren. Es gab einige, die versuchten, Ihnen Ihre Energie zu rauben, um Sie niedergeschlagen zu halten.

Der nächste Schritt ist, dass Sie jetzt sehr gut mit Gedanken und Gefühlen umgehen können, aber jetzt werden wir mit Energie weitermachen.

Wie können wir feststellen, dass sie uns Energie rauben?

Indem wir Veränderungen in Ihrem Körper, Ihren Emotionen und Ihren Empfindungen bemerken. Sie können Energiediebe spüren, indem sie Ihre Aufmerksamkeit abrupt von etwas Wichtigem ablenken.

OK, es ist also nicht nur das Ego, das uns aus der Konzentration reißt?

Nein, es gibt auch Energiediebe.

Wie erkennen wir den Unterschied zwischen Ego- und Energiedieben?

Es ist nicht wichtig, das Wichtigste ist, sich dessen bewusst zu sein und etwas dagegen zu tun.
Sie sind sehr gut darin geworden, mit Gedanken und Gefühlen zu arbeiten. So können Sie Energiediebe erkennen. Das ist das Wichtigste, was Sie erkennen müssen, denn sie rauben Ihnen Ihre Vitalität.
Das sind sehr schwierige Dinge, also denken Sie darüber nach, es ist wichtig!

Ja, das werde ich, und wie könnte ich nicht daran denken!

7-11-18

Wir kommen heute, um dich in die Geheimnisse
einzuweihen.

**Wir möchten, dass du heute hinausgehst, mit deiner
Liebe. Teile sie mit deinen Mitmenschen und ziehe ihre
Liebe in dein Herz und sende sie doppelt an jeden
zurück, den du triffst. Du wirst die Menschen, denen
du heute begegnest, aufrichten, du bist jetzt bereit
dafür. Wir sind heute zu dir gekommen, um dir den
Weg in dein Herz zu zeigen.
Lege die linke Hand auf das Herz, dann folge der
Energie von der Hand ins Herz. Dort siehst du die
Essenz deiner Liebe Ingrid.**

Ich habe sie gesehen!

**Das ist in Ordnung, bleibe in Kontakt mit diesem
Wesen. Es ist nicht deine Seele, sondern du bist es, die
Seele deines Herzens. Es ist wichtig, mit der Essenz
deines Herzens in Kontakt zu bleiben.**

Wie oft sollte ich das tun?

Jedes Mal, wenn du dich konzentrierst, bringe dein Herz und deine Seele in den Fokus.

Was wir heute mit dir teilen möchten, Ingrid, ist eine sehr große Weisheit, die nur sehr wenige Menschen zuvor gehört haben, also nutze sie fleißig.
Es geschehen gerade starke Dinge.

8-11-18
Wir sind heute hier, um dir das Wunder des Lebens zu zeigen. Das Wunder des Lebens ist in dir, in dir, Illia, ist das ganze Universum.

Wie erklärst du mir das? Kannst du es verständlicher erklären?

Ja, das werden wir, du bist jetzt bereit dafür.
Du kannst jetzt besser zuhören und das brauchen wir, weil du die wichtigen Botschaften kennst, die wir mitbringen.

Hier in deinem Herzen liegt alles, was du dir vorstellen kannst, dort in der Wiege, mit der du dein Leben erschaffst.

Was meinst du damit? Dass die schöpferische Kraft in mir liegt und alles, was ich will, aus meinem Inneren heraus geschaffen werden kann?

Alles, was du bist. Alles, was du wirst. Alles, was du warst. Alles, was du werden wirst, ist in deinem Körper, in deinem Herzen vorhanden.
Der Funke Gottes/das göttliche Licht, wie Sie heute sehen, ist die Schöpfung. Es ist der Funke, aus dem alles erschaffen wird.

Ist das der Grund, warum wir mit unseren Gedanken so kreativ sind?

Ja, Sie sind großartige Schöpfer. Sie erschaffen all das Elend um sich herum auf der Grundlage Ihrer Gedanken.
Jeder lebt in seinem eigenen Universum, also hat jeder seine eigene Realität. Aber da wir dieses Ego haben, passen wir zueinander. Wir können uns auf einer kleinen Ebene verstehen, weil wir ein gemeinsames Ego haben, das zu unseren Körpern gehört. Wir haben gemeinsame Wünsche, meist gemeinsame Wünsche. Ihr Ego ist das, was die Menschen zusammenhält, aber wir möchten, dass Sie von einem gemeinsamen Ego zu

einer gemeinsamen Seele werden. Es ist viel größer, dann wird es das Paradies auf Erden sein, darauf warten wir, dass Illia geschieht.

14-11-18

Heute möchten wir Ihnen sagen, dass das Leben viel mehr ist, als Sie denken. Das Leben ist voller Wesen. Menschen mit einem Ego begegnen dem nie oder nur sehr selten. Wenn du hinschaust, siehst du alles als eine Einheit, dass du alles BIST, was du siehst. Es gibt nur sehr wenige Menschen, die das tun und diese Einheit spüren.

Gibt es eine spezielle Technik, die uns helfen kann, mit allem eins zu sein?

Nein, daran muss gearbeitet werden. Wir möchten, dass Sie den Menschen beibringen, wie sie sich mit der Einheit verbinden können. Indem Sie sich mit dem Gerät verbinden, um Dinge anzusehen, so tun, als hätten Sie sie noch nie zuvor gesehen. Denn dann sehen Sie nicht das Ding, sondern die Ausstrahlung des Dings. Dann können Sie den Menschen das beibringen, indem Sie Vorträge und Mini-Workshops darüber halten, wie Sie Menschen in die Einheit bringen. Bringen Sie etwas mit, von dem sie nicht wissen, was es ist, dann ist es für sie einfacher, in die Einheit zu gelangen.

Sie müssen die Ausstrahlung der Dinge kennenlernen, anstatt sie zu sehen und ihnen einen vertrauten Namen zu geben.

16-11-18

Wir kommen heute, um euch von den spirituellen Erfahrungen zu erzählen, die ihr machen werdet. Die spirituellen Erfahrungen, zu denen wir euch führen. Ihr werdet jetzt eine Erfahrung machen, ein Engel wird zu euch kommen und sie wird bei euch bleiben. Ihr müsst miteinander kommunizieren, es ist Osiris' Engel Ammari, der kommt. Es scheint, als ob es für euch einfacher ist, mit Engeln zu sprechen als für Osiris, weil er von einem anderen Planeten ist. Ihr habt es nicht leicht, mit ihm Kontakt aufzunehmen, das merken wir.

Ich weiß nicht, warum ich keinen Kontakt mit ihm aufnehme?

Ich würde gerne Kontakt mit ihm aufnehmen, aber ich fühle mich nicht dazu in der Lage. Ich möchte, dass er sich mir zeigt, damit ich ihn vor mir sehen kann, auch wenn er ein Außerirdischer ist.

Wir wollen euch keine Angst machen, also haben wir stattdessen einen Engel geschickt. Ihr könnt Engel viel leichter sehen als Osiris, und es gibt nur sehr wenige auf der Erde, die diese Fähigkeit haben.
Der Engel Ammari wird dir helfen, Bilder zu malen.

So aufregend.

Ja, du wirst einige erstaunliche Bilder malen, Ingrid, die das Licht ausstrahlen, das jeder haben möchte. Die Menschen brauchen diese Bilder, um aufzuwachen.

18-11-18
Was wirst du mir heute erzählen, liebe Freunde?

Heute werden wir über die Ewigkeit des Lebens sprechen, die Ewigkeit tanzt rund um die Uhr. Alle Jahre ewig, ewig unveränderlich. Ewigkeit ist etwas, das auf der Erde ist, denn hier hast du Zeit, aber Zeit existiert anderswo nicht.

Zeit existiert nur auf diesem Planeten. Und das ist ein Teil dessen, was du hier lernen sollst, die Lehre von der Zeit.

Dass Dinge kommen und gehen, und das ist Teil der physischen Realität. Die physische Realität ist eine seltsame Realität. Du bist wirklich weit von der Erde entfernt.

Du bist in gewisser Weise eingeschränkt, die Energie der Erde aufzunehmen.

Aber warum sind wir eingeschränkt?

So ist es gekommen, du hast dich so manifestiert. Um Kontakt mit deinem inneren Selbst herzustellen, musst du ein leeres Leben führen und darfst nicht alle Hilfsmittel von früher haben. Aber jetzt ist es wichtig, dass du zur Realität zurückkehrst. Gehe ins Herz, und alle derartigen Probleme werden gelöst. Dann bekommst du eine völlig andere Welt hier auf Erden. Es ist deine Aufgabe, Illia, sie eins miteinander werden zu lassen, eins mit der Einheit und eins mit ihrer Seele in ihrem Herzen.

Eins mit dem göttlichen Licht in ihren Herzen.

Das ist deine Aufgabe und du machst das bisher sehr gut.

21-11-18

Heute erzählen wir euch vom Leben als Ganzem, das auf der Erde aufgeteilt wird. Das Leben als Ganzes wird jeden auf der Erde umfassen.

Wir möchten, dass ihr meditiert, meditiert über das Licht in eurem Herzen. Seid also so weit wie möglich eins mit dem Licht in eurem Herzen. Nehmt euch jeden Tag eine halbe Stunde Zeit, um einfach in eurem Herzen zu sein. Das ist sehr wichtig für eure Entwicklung und für die Entwicklung auf der Erde.

Ich versuche, mich zu konzentrieren, aber ich kann nicht anders, als die Eichhörnchen vor dem Fenster anzuschauen, sie sind so schön. Genau wie die Vögel sind sie so schöne Geschöpfe.

Sie sind freie, freie göttliche Funken. Auch du bist ein ziemlich freier, göttlicher Funke, Illia. Du wirst jetzt jeden Tag freier, du wirst immer mehr du selbst. Dein wahres Selbst, Osiris-Selbst. Ich möchte, dass du zuhörst, viel Zeit auf deinen Reisen verbringst, einfach dasitzt und anderen zuhörst. Höre auf die Geräusche um dich herum, hör auf die Stimme in dir.

Das werde ich tun.

Es ist uns wichtig, dass du bei uns bist, dass du darauf vertraust, dass wir auch bei dir sind. Wir sind wirklich deine Schwestern und Brüder, die dich wirklich voll unterstützen, zweifle nicht an uns.

Nein, ich zweifle nicht mehr an dir.

Das ist gut, so soll es sein. Wir merken, dass du jetzt mehr Vertrauen in uns hast, das war am Anfang sehr beängstigend.

Ja, ich hatte wirklich Angst!

Wir wissen, dass du tagsüber mit dem Ego kämpfst. Sowohl mit dem Essen, der Sexualität und allem, womit du gerade zu kämpfen hast.

Ja, es ist anstrengend.

Es wird bald vorbei sein, du brauchst diese Passage hier, Illia. Die Zeit hier, in der das Ego vollständig verschwindet. Es verschwindet nicht, sondern wird zu

einem Diener für dich, anstatt zu einem Gegner für
dich.

Ich freue mich darauf!

22-11-18
Was werdet ihr mir heute erzählen, liebe Freunde,
Schwestern und Brüder?

Ihr werdet jetzt wieder reisen.

Wohin?

Gran Canaria.
Wir möchten euch sagen, dass ihr auf einem sehr
guten Weg seid, ihr seid jetzt fast rund um die Uhr bei
uns. Wir sind sehr dankbar dafür, wir brauchen es,
sowohl ihr als auch wir brauchen es. Wir brauchen
euch den ganzen Tag bei uns. Denn das ist es, was es
sein soll, dass wir alle zusammenarbeiten.
Wir sind heute hier, um euch von eurer Mission zu
erzählen. Eure Mission in der Gegenwart, Illia, ist sehr
wichtig.
Ihr müsst die Gegenwart mit dem Alltag und der Zeit
auf der Erde zusammenbringen.

Wie mache ich das?

Ihr müsst sehr lange konzentriert bleiben.

OK, und ich bekomme es in Las Palmas?

Nein, das könnt ihr hier zu Hause machen.

Warum sollte ich dann dorthin gehen?

Du brauchst es, du musst allein sein, wo du keinen Kontakt zu anderen hast. Wichtig ist, dass du da bist. Es ist wichtig, dass du allein bist, übe, ganz allein zu sein. Habe kein Netzwerk um dich herum, das du kontaktieren kannst. Wir möchten, dass du lernst, die Einsamkeit zu lieben, in der du genau das tun kannst, was wichtig ist.
Lass dich nicht stören und schreib dein Buch. Du hast jetzt drei Wochen vor dir und die meisten Dinge kommen runter, aus deiner Kindheit und Mobbing.

Danke, hilfst du mir dann beim Schreiben?

Wir sind die ganze Zeit da und führen dich durch.

Was wichtig ist, das werden wir dir sagen.

Mit wem spreche ich jetzt?

Osiris.

Was soll ich in Arguineguin Osiris tun?

Du musst eine Linie erstellen.

Was meinst du mit einer Linie?

Eine Linie des Bewusstseins mit der Natur. Sie soll über die ganze Erde gespannt werden, wie ein Netz, das du mit der Einheit über die ganze Erde spannen sollst.

Das ist eine sehr schwierige Sache.

Ja, du wirst einige Leute treffen, um ihnen zu helfen, aufzuwachen, den göttlichen Funken in ihrem Herzen zu entdecken.
Dann wirst du zum nächsten Ort weitergehen, wo du ein Herz erwecken wirst. Darum geht es.

Hast du das getan, als du in Ägypten warst? Du hast also Energie ausgesandt, die die Leute nach Ägypten kommen ließ, um dich zu treffen? Warum kann ich das nicht auch tun?

(Bei einer Regressionsbehandlung erlebte ich, wie Osiris in einem UFO in Ägypten landete).

Es dauert zu lange, die Erde braucht uns, um uns jetzt zu aktivieren!

Aktiviert Energielinien.

Die Ley-Linien sollen aktiviert werden.

Gibt es in Arguineguin Ley-Linien?

Ja, die gibt es.

Es ist also wichtig, dass ich dort mit allem eins bin?

Sehr wichtig, Ingrid. Das Wichtigste ist, die Einheit in die Felder, Berge, Pflanzen und Bäume von Arguineguin zu bringen, sie in die Einheit zu bringen.

Kontaktiere die Natur und du wirst eine Verbindung herstellen.

Mach es wie mit dem Baum hier auf Kråkerøy, sieh das göttliche Licht darin und nimm es in dein Herz auf.

Das ist also, was ich dort tun werde?

Unter anderem ist es also wichtig, dass du nach Arguineguin kommst. Dort wirst du jemanden treffen, der dir helfen kann, das Herz von jemandem dort zu öffnen.

Folge deiner Intuition und es wird gut gehen.

Je mehr wir eins werden, desto mehr und schneller entwickelst du dich. Es ist sehr wichtig, dass du dich den ganzen Tag auf mich konzentrierst, denn wir sind eins, Ingrid, aber du musst die Einheit wieder herstellen.

Ich weiß es jetzt, ich habe jetzt einen Blick auf dich erhascht, Osiris.

Ja, ich habe dich jetzt hineingezogen. Es wird transformiert, sodass es für uns einfacher ist, eins zu sein.

Danke, also werde ich mich mit dir in der Einheit verbinden?

Es wäre schön, dich mit mir zu verbinden, sodass wir eine Einheit werden.

Ich weiß, es passiert, Osiris.

Ja, du bist auf dem besten Weg, eins mit mir zu werden, Illia.

Warum kannst du nicht durch mich sprechen, Osiris?

Du traust dich noch nicht. Du traust dich nicht, die Kontrolle vollständig loszulassen, aber es wird kommen.

Danke, ich finde es beängstigend.
Ok, ANGST = Sich aufgeregt und bereit fühlen.

Danke, ich finde es beängstigend.
Okay, ANGST = Sich aufgeregt und bereit fühlen.

Sich aufgeregt und bereit fühlen, das stimmt.
Wenn du Angst hast, bring das stattdessen zum
Vorschein, denn das ist es, was jetzt in dir vorgeht. Ich
bin sehr aufgeregt, und du auch. Du bist mehr als
bereit, du bist viel klarer, als du verstehst.
Nur deine Angst vor dir selbst hat dich aufgehalten.
Das ist alles, was dich davon abhält, ganz du und ich
zu sein. Es ist deine Angst vor Menschen, denn du hast
viele harte Dinge erlebt, weißt du. Es dauert also eine
Weile, bis du sie ganz loslassen kannst, und ich werde
dir helfen, die Angst ganz loszulassen.
Dann ist es nicht so schlimm, eins mit mir zu sein. Du
änderst dich nicht sehr, wirst nur viel klarer, klarer
im Denken, klarer in deinen Handlungen und
Gefühlen.
Du weißt sofort, dass ich das mache, so ist es.

Ich freue mich darauf, Osiris.

26-11-18
Was wirst du mir heute sagen?

Du musst deinen Mitmenschen helfen, dem Weg der
Seele zu folgen, nimm ihn bei jeder Gelegenheit an.

Sag ihnen, was wir dir gesagt haben, solange sie dem Weg des Egos folgen, können wir ihnen nicht viel helfen. Wenn sie dem Weg der Seele folgen, ist alles für ein einfaches und gutes Leben arrangiert.

Das ist so traurig.

Ja, das ist es, aber wir können dich nicht zwingen, den Weg der Seele zu gehen. Du musst eine Wahl treffen, alles ist eine Wahl. Deshalb hoffen wir, dass mit deinem Buch mehr Menschen den Weg der Seele wählen werden.

Ja, das hoffe ich wirklich auch, ich habe auch Schwierigkeiten, dem Weg der Seele zu folgen.

Nicht so sehr, du bist sehr gut darin, dem Weg der Seele zu folgen. Die einzigen Entscheidungen, die Ihnen verbleiben, sind die Entscheidungen des Egos.

Erfahrung:
Habe eine innere Botschaft bekommen, in den Botanischen Garten von Las Palmas zu gehen.

Ich schlendere durch den botanischen Garten und nähere mich einem Brunnen. Plötzlich spüre ich, dass da jemand ist.

Ich frage ihn, wer er ist, und er ist sehr stolz darauf, dass er diesen botanischen Garten geschaffen hat, und er glaubt, er sei im Jahr 1973. Er weiß nicht, dass er tot ist, aber ich sage ihm, dass es jetzt 2018 ist.

Er will nicht weitergehen, weil er den Garten so sehr liebt. Aber schließlich gelang es mir, sein Interesse zu wecken, indem ich ihm sagte, dass er auf der anderen Seite Blumen sehen würde, die er noch nie zuvor gesehen hatte.

Er war sehr eifrig, und als er auf die andere Seite kam, zeigte er mir eine große, wunderschöne lila Blume, die ich noch nie zuvor gesehen hatte, und dann verabschiedete er sich.

Er war der Botaniker, der den Garten angelegt hat, und sein Name war Eric Sventenius aus Schweden.

12-12-18
Es war kein Zufall, dass du ihn gestern im Botanischen Garten getroffen hast.

War es ein wichtiges Treffen?

Sehr wichtiges Treffen.

So wunderbar, so gut, dass ich ihm helfen konnte. Darüber freue ich mich, aber warum gab es ein wichtiges Treffen?

Wenn du den Toten nach Hause hilfst, öffnest du dich für neue Seelen und neue Energie, die in die Energie der Erde eintreten.
Es gibt der Erde einen Energieschub, wenn die alten Gedanken von der Erde verschwunden sind.
Es ist wichtig, neue Gedanken entwickeln zu können.
Neue Lebensweisen, die nicht von der Vergangenheit geprägt sind.

Danke, dann verstehe ich, warum es wichtig war, ihm und allen anderen Toten zu helfen.

13-12-18
Viraldi spricht;

Hallo Viraldi, bist du aus derselben Seelengruppe?

Nein, wir sind viele verschiedene Seelen, die mit dir sprechen, Illia. So funktioniert das in dieser

Dimension, in der wir uns befinden, nicht. Hier gibt es nur Lichtwesen, keine Gruppen. Alles ist eins, ein Mensch. Es ist Gott, dessen Leitprinzip wir alle sind. Es gibt viele Seelen, die jetzt auf dem Weg sind, im Physischen. Aufzuwachen und sich mit ihrer Seele zu verbinden. Damit das Ego zu einer Seele werden kann, anstatt nur ein Ego zu sein. Es gibt viele Menschen, die jetzt aufwachen, und sie brauchen deine Hilfe, Illia. Sie brauchen deine Hilfe wirklich.

Du wirst viele Anfragen erhalten, ob sie dir dabei helfen können, Dinge aus ihrer Aura zu entfernen. Aber dann musst du nicht mehr so viel damit arbeiten. Du bittest sie einfach, ins Jetzt zu gehen, im Jetzt zu sein. Dann werden sie Stück für Stück gereinigt. Es ist sehr wichtig, dass sie in der Gegenwart sind. Sonst kommt alles andere herein und übernimmt ihre Macht, übernimmt ihre Gedanken und ihre Emotionen.

Gibt es eine Möglichkeit, uns vor diesen Wesen zu schützen, die wir nicht sehen können, und den Toten, die sich an uns klammern, um Teil unseres Lichts zu sein und unsere Energie zu stehlen?

Ja, und diese Möglichkeit besteht darin, im Jetzt zu sein, eins mit der Seele im Jetzt zu sein, denn Sie sind eins mit der Seele, wenn Sie im Jetzt sind. Alpha und Omega, das haben wir schon einmal gesagt. Es ist sehr, sehr wichtig. So wichtig, dass wir es nie oft genug sagen können. Es wird sich in diesem Buch wie eine Wiederholung anfühlen, weil wir darauf bestehen, im Jetzt zu sein und der Intuition zu folgen. Das ist das Wichtigste, was in Ihrem Leben passieren kann. In der Lage zu sein, dahin zu gelangen, wo Sie es wirklich schaffen, Ihrer Intuition zu folgen oder im Jetzt zu sein. Denn dann sind Sie eins mit der Seele und alles andere ist verschwunden.

Sie sitzen nicht im Moment und lassen sich auf Gefühle oder Gedanken ein, das existiert im Moment nicht. Dann gehen Sie in die Gegenwart oder in die Einheit.

Erfahrung:
Eines Tages im Jahr 1998 war ich bei einer psychomotorischen Physiotherapiebehandlung, als ein großer Kummer über mich kam. Ich spürte, dass ich ungefähr 6 Jahre alt war, und ich hatte das Gefühl, dass ich die Liebe Gottes nicht verdiente. Ich wusste, woher dieses Gefühl kam, denn als Kind ging ich in die

Sonntagsschule, die direkt unterhalb meines Wohnorts lag. Ich fühlte mich wie ein Sünder und verdiente daher Gottes Liebe nicht! Ich beschloss, die paar Meilen von der Behandlungsstelle nach Hause zu laufen, um diesen Glauben wegzuwaschen.

Dort ging ich und wiederholte den Satz: „Natürlich verdiene ich Gottes Liebe, denn sie ist nichts, was man verdienen muss, sie ist für uns alle da."

Als ich mich der Stelle näherte, an der ich zur Sonntagsschule ging, war es, als ob zwei große Hände aus den Wolken kamen und mir ein goldenes Licht der Liebe offenbarten.

Alles ist aus diesem goldenen Licht der Liebe erschaffen.

Ich hatte schon früher gespürt, dass Beton/Asphalt nichts Positives ist, aber dort sah ich, dass sogar das aus dem goldenen Licht der Liebe erschaffen ist.

Alles war göttliches Licht.

Die Luft war auch Liebe und wir atmen Liebe mit jedem Atemzug ein. Das goldene Licht der Liebe war erfüllt von kleinen Regenbögen und sie lächelten mich an!

Diese Erfahrung war so stark, dass ich die Liebe und das Licht immer noch spüre. Nach dieser Erfahrung weiß ich, dass ich Liebe einatme und ich war danach

weder deprimiert noch melancholisch. Also danke
Vater, Mutter, Gott, dem Leitprinzip für die Liebe, die
mich und alles andere auf unserem Planeten erfüllt.

Der Tag erwacht, was werde ich sehen
sehe ich nur das Alte
oder schaffe ich es zu sehen, was IST

hinter den Masken
das einzigartige wahre Selbst
hinter den Beschränkungen
das verborgene göttliche Selbst
der Tag ist da
ich entscheide mich zu sehen
Das Göttliche

Ingrid

12. Die Straße vorbei

Du denkst, du seist ein begrenztes Wesen, aber du bist
ein begrenztes Wesen. Ihre Möglichkeiten bestehen
darin, dass ALLES möglich ist, aber Gedanken und
Worte begrenzen. Nicht in der Gegenwart zu sein ist
einschränkend. Erst wenn man es schafft, in der
Gegenwart zu sein, entwickelt man sich weiter.
Nehmen Sie also alles, was Ihnen gerade in den Sinn
kommt, schauen Sie es sich an, verdauen Sie es und
fertig. Vergebung und Weitergehen sind das A und O
für ein wertvolles Leben hier auf der Erde. Sie können
nicht die ganze Geschichte mit sich herumtragen, die
Sie so lange mit sich herumgetragen haben. Jetzt ist es
an der Zeit, loszulassen und weiterzumachen.
Sammeln Sie neue Erfahrungen auf vielleicht einer
anderen Ebene, anderen Realitäten als der Realität, in
der Sie bisher gelebt haben.
Ich sehe dich, liebes Wesen. Ich sehe dein Formular. Ich
sehe deine Ausstrahlung und ich sehe deine Essenz.
Deine Essenz ist reine Liebe.
Wir Menschen entfernen uns von der Realität, weil wir
die Gedanken anderer Menschen aufnehmen. Die
Überzeugungen und Erfahrungen anderer Menschen,

anstatt unsere eigenen Erfahrungen von uns selbst zu speichern. Das hat mit der Erziehung zu tun und damit, woran man glaubt.

Vidaldi sagt;

Guten Tag, liebe Schwester, wir kommen jetzt, um dir die Botschaft aus dem Land der ewigen Gewinner zu überbringen, in dem wir leben.

Wir leben an einem Ort, an dem paradiesische Verhältnisse herrschen, aber niemand lebt im Paradies, weil wir das Paradies sind. Wir leben in einem Paradies in uns selbst.

Wir kommen, um Ihnen zu sagen, wie das Leben auf der anderen Seite sein wird. Wenn Sie hinübergehen, wenn Sie den Körper verlassen. Wenn Sie rübergehen und wir bei Ihnen ankommen, müssen wir durch einen Durchgang gehen. Es wird uns schwerer fallen, mit der Energie auf unserem Planeten umzugehen, denn auf Mutter Erde handelt es sich um eine sehr langsame Energie.

Was meinst du damit, dass du deine Energie senken musst, um hier zu sein und zu mir zu kanalisieren?

Wir haben eine viel höhere Frequenz, wir haben keinen Körper dort, wo wir jetzt sind. Wir sind einfach reines Sein in allem, in allem. Keine separaten Körper mehr.

Okay, aber wenn wir dann überqueren, haben wir dann getrennte Körper?

Ja, es gibt eine Zeit lang getrennte Gremien. Aber wenn Sie auf der anderen Seite eine Evolution durchlaufen und Ihre Energie steigern, werden auch Sie nach einer Weile körperlos.

Glaubst du, wir haben kein Ego und brauchen keinen Körper?

Nein, du brauchst keinen Körper, denn du bist ein reines, glückseliges Wesen.

Was ist dann üblich, wenn Sie vorbeikommen, wie lange ist es üblich, dort zu bleiben? Lernst du auf der anderen Seite, wenn du darüber hinwegkommst?

Ja, man macht eine Lehre, um sich weiterzubilden und weiterzubilden. Damit Sie verstehen, was Sie wirklich sind, hinter dem Physischen.

Hinter dem Physischen verbergen sich viele Realitäten. Realitäten, in denen man keinen Körper braucht, um sie zu erleben und zu entfalten.

Nun, welche Realitäten gibt es dann?

Es gibt Realitäten, die weit über Mutter Erde hinausgehen. Weit über die Planeten hinaus, die Sie jetzt sehen können. Weit darüber hinaus in einer völlig anderen Realität, die wir unser Paradies nennen.

Dann reist du also mit deinen Gedanken zur Erde und sprichst dann mit mir?

Ja, das tun wir, das ist alles.
Wir reisen mit den Energiewellen der Gedanken, so wie du mit deinem Bewusstsein reist, Ingrid, so reisen wir mit unserem Bewusstsein hier auf der Erde.

Sie sind hier also nur mit Ihrem Bewusstsein anwesend? Kannst du nicht hierhergehen und eine physische Gestalt annehmen, so wie Jesus es getan hat?

Nein, das brauchen wir nicht. Denn wir sind nicht hier, um Ihnen zu beweisen, dass wir existieren. Wir sind hier, um Sie zu erziehen und eins mit Ihrer Seele zu werden. Und als Seele weiterzureisen und nicht als Ego.

Ich merke es jetzt, nachdem ich so lange in der Gegenwart gechannelt habe. Dass es in der Gegenwart zu einer immer stärkeren Erfahrung wird. In der Gegenwart rückt es immer näher. So wie ich mit allem in der Gegenwart immer ganzer werde.

Das ist so, Schwester. Je mehr du in der Gegenwart bist, desto mehr verschwinden deine Hülle, dein Körper und dein Ego. Du verfeinerst dich durch das Sein in der Gegenwart und das Einssein.
Verfeinert zu einem höheren Bewusstsein, in dem Sie wissen, dass alles, was existiert, gleich ist mit allem in diesem Universum. Ihr wisst jetzt, dass ihr große Lichtwesen seid, aber das ist auch falsch, denn ihr seid keine wirklich großen Lichtwesen, ihr SIND das göttliche Licht!
Alles ist im göttlichen Licht verbunden. Im göttlichen Licht der Liebe Ingrid, das Dir 1998 gezeigt wurde.

Danke! Ist man also einfach nur ein Teilchen?
Als ich das göttliche Licht der Liebe sah, sah ich wie kleine Regenbögen. Ich hatte das Gefühl, dass es Seelen und Bewusstseine gab!

Es ist so ja.

Ja, es war sehr hell, ich erinnere mich, dass jedes kleine Licht in Regenbogenfarben blitzte. Obwohl es überall ein goldenes Licht gab, leuchteten kleine Regenbogenpartikel. Ich spürte, wie sie mich ansahen und lächelten.

Das haben sie getan.

Ich hatte wirklich das starke Gefühl, dass in den kleinen Regenbogenlichtern, die ich sah, Lebewesen waren.

Ja, es gibt Lichtwesen. Wir sind es, wenn wir mit der physischen, psychischen und emotionalen Entwicklung fertig sind, dann sind wir Teil von allem.
Wir sind in dir, wir sind in allem. Wir sind in den Bäumen. Wir können drinnen sein, was immer wir wollen. Ein Teil des Flusses, der Energie dessen, was

wir wollen. Wir können nur den Gedanken denken und schon sind wir da, wo wir sein wollen.

Ich weiß, dass mich das, was Sie gesagt haben, sehr berührt. Ich sah die kleinen Seelen in diesem Licht, sehr stark.

Ja, es ist stark, ein Licht zu sein. Bei all der Magie in unserer Realität gibt es nur Liebe, Freude und Staunen.

Wie kann ich in der Gegenwart Angst haben?
So viele alte Ängste kamen hoch! „In der Gegenwart gibt es keine Angst", sagt Vidaldis Stimme in mir!
Also komme ich jetzt raus, wenn die Angst kommt?

Wenn du in der Gegenwart bist, existiert nur das Sein. Ohne Gefühle, ohne Gedanken im Göttlichen sein. Und wenn dir Gedanken kommen, während du in der Gegenwart bist, dann deshalb, weil du diese Gedanken haben sollst!
Aus diesen Gedanken können Sie etwas lernen.

25-12-18

Wir geben euch heute eine Übung.

Übung 7. Das göttliche Liebeslicht.
Schließt eure Augen und nehmt tief in euren Bauch
hinein. Legt die linke Hand auf das Herz und folgt der
Energie, die von der Hand in euer Herz strömt. Dort
seht ihr das göttliche Licht, den Funken des Lebens,
mit dem wir alle geboren werden.
Nehmt das Licht in euren Bauch und lasst es dort eine
Weile ruhen, dann führt es hinauf in euren Kopf.
Lass es eine Weile dort sein.

Ich habe Mühe, mich auf meinen Kopf zu
konzentrieren.

Das liegt daran, dass du in letzter Zeit so viel in
deinem Herzen warst, dass du es nicht mehr gewohnt
bist, in deinem Kopf zu sein.
Du musst deinen Kopf mit dem Licht reinigen.
Nehmen Sie jetzt das Licht nach unten in die linke
Schulter und dann rüber zur rechten Schulter, nach
unten in die rechte Hand, lassen Sie es dort ein wenig.

Es explodiert im kleinen Finger, es wirkt im ganzen Oberarm.

Sie haben dort eine große Blockade aus der Kindheit. Gehen Sie jetzt nach oben und dann nach unten in den linken Arm.

Jetzt ist es am Ellbogen, jetzt ist es am Handgelenk.

Das ist gut, Sie müssen Ihre Hände und Arme reinigen, weil sie sehr weh tun.
Sie haben viele schöne Dinge gemacht, aber Sie konnten sich nie entspannen, wenn Sie Dinge machen. Dann wird es viel Anspannung geben.

Es ist, als ob es in den gesamten Schulterbereich gleitet.

Nun führe das Licht wieder hinunter zum Herzen. Bleibe auf das Herz konzentriert, hinter dem Herzen im Rücken. Schicke es ein wenig nach hinten und führe das Licht in den Rücken, in deine Wirbelsäule. Lass es eine Weile die Wirbelsäule auf und ab gehen.

Ich fühle, wie es unter der linken Brust wehtut.

Ja, das war, nachdem du gestürzt bist und dir die Rippen gebrochen hast.

Ich fühle, wie es oben an der Schulter, am oberen Ende der Wirbelsäule, kühl wird.

Du brauchst es, weil du da oben viel Spannung hast.

Wenn ich meinen Körper mit dem Licht reinige, habe ich danach starke Schmerzen?

Nein, dann wird es besser.

Das ist gut, denn ich hatte in letzter Zeit viel mit meinem Körper zu kämpfen, es waren starke Schmerzen, besonders in meinen Hüften.

Wir wissen, es ist auf dem Weg nach unten zum Kreuzbein, aber es ist nicht so einfach, da runterzukommen, weil du da viele Blockaden hast. Nach der Vergewaltigung gibt es da viele Blockaden.

Ja, ich habe mich in Gedanken und Gefühlen gereinigt, aber Knochen und Muskeln sind langsamer.

Es dauert länger, loszulassen, aber es kommt jetzt.
Oh, es funktioniert im Steißbein.
„Ich weine", alter Kummer kommt hoch.

Ja, hier ist etwas, das du noch nicht gesehen hast, du
warst damals ein ganz kleines Baby. Damals hast du
entdeckt, dass die Menschen nicht in Liebe lebten.
Es wurde eine sehr schwere Last für dich, und du hast
damals den Funken des Lebens verloren.
Glücklicherweise waren wir bei dir und konnten dich
am Leben erhalten. Das mussten wir, denn du hast
eine große Mission zu erfüllen.

Danke! Aber ich wollte einfach nur sterben.

Das wissen wir, Ingrid. Lass es jetzt los, den Wunsch
nach dem Tod.
Das musst du jetzt loslassen.
Das Kreuzbein ist deine Verbindung zur Mutter Erde.
Es ist wichtig, eine Verbindung zur Mutter Erde
herzustellen, denn du bist noch immer draußen und
treibst.

Wie oft sollte ich die Göttliche Lichtübung machen?

Jeden Tag. Es ist sehr gut, wenn du diese Übung jeden Tag machen kannst. Es ist eine schöne Übung, sie kann so oft wie möglich verwendet werden, um den Körper von Schmerz und alter Geschichte zu reinigen.

Danke, meine Lieben, das ist eine kraftvolle Übung.

27-12-18
Wir sind heute hier, um eine Weisheit mit Ihnen zu teilen, die sehr groß ist, sehr groß für Sie. Sehr groß für die Menschheit.
Wir möchten, dass Sie nach vorne schauen, die Zukunft sehen. Schaffen Sie eine Zukunft für Ihre Mitmenschen.

Meinen Sie, wir sollten visualisieren?

Ja, Visualisierung ist ein mächtiger Prozess, der funktioniert.

Übung 8. Die Zukunft schaffen.
Visualisieren Sie eine Zukunft, in der Sie sehen, dass alle glücklich sind. Die Erde gedeiht. Alles Wasser ist sauber und frisch. Sie haben es geschafft, alles

aufzuräumen. Sie haben es geschafft, rechtzeitig anzuhalten.

Es ist wichtig, dass Sie es visualisieren. Dass jeder um Sie herum es visualisiert, am besten jeden Tag. Es ist eine sehr wichtige Möglichkeit, der Erde zu helfen!

Kann ich es auf Facebook posten?

Tun Sie das, es ist wichtig, dass viele Menschen an dieser Visualisierung teilnehmen. Posten Sie es auf allen spirituellen Seiten. Sie wissen, dass Visualisierung funktioniert, Illia. Sie müssen nutzen, was Sie können. Vergiss nicht, die Fähigkeiten zu nutzen, die du hast und die jeder hat. Visualisierung schafft Leben, schafft Zukunft. Erschaffe also auf jeden Fall eine Zukunft, die du dir wünschst.

Du arbeitest jetzt gut, machst Yoga und konzentrierst dich oft auf das göttliche Licht in deinem Herzen.
Du solltest das noch öfter tun, denn dann strahlst du, du strahlst wirklich. Du musst dir also bewusst sein, auf welche Stimme du hörst. Im Moment kommen viele.

Was kann ich mit denen tun, die in meine Aura kommen?

Liebe sie. Sie mögen keine Liebe, sie ernähren sich von Angst. Sie kommen, um sich in deiner Pracht zu sonnen, Illia, sowohl lebendig als auch tot. Sei vorsichtig, du wirst bemerken, ob sie für dich und ihretwegen da sind oder nur für ihretwegen. Du entdeckst dies an ihrem Verhalten. Wenn sie egoistisch sind, wirst du es sehr schnell entdecken. Bring sie auf deinen Weg, wenn sie nicht interessiert sind, sind sie nicht jemand, den du weiter mitnehmen solltest.

28-12-18
Der freie Wille hat mit dem Ego zu tun, sagt man mir jetzt.

Wenn wir das Ego regieren lassen, übernimmt der freie Wille vollständig die Kontrolle über die Seele. So dass die Seele kämpfen muss, um Aufmerksamkeit zu bekommen. Denn wir sind so daran gewöhnt, dem Ego/Kopf Aufmerksamkeit zu schenken, dass wir vergessen, auf die Seele zu hören. So überhören wir die Seele sehr leicht. Wenn wir aufhören, auf die Seele zu hören, gewinnt das Ego so viel Macht.

Also kämpfe ich jetzt wirklich darum, den Weg der Seele zu gehen. Osiris sagt mir, dass mein Ego in seiner letzten Schlacht ist.

Ich schwebe hinaus, das Ego zieht mich die ganze Zeit aus dem Fokus. Es ist ein echter Kampf, es ist nicht so, dass ich so hart kämpfe, um zurückzukommen, aber das Ego hat meine Aufmerksamkeit gestohlen, bevor ich weiß, dass ich unkonzentriert bin. Deshalb muss ich kämpfen, um wieder in den Fokus zu kommen, mein Fokus wird die ganze Zeit unterbrochen. Indem ich einen Vogel beobachte, einem Geräusch lausche, ist das Ego die ganze Kraft und hat freien Willen erhalten.

Es ist die Seele, die einen freien Willen haben sollte, und nicht das Ego. Also versuche ich jetzt, das Ego zu meinem Helfer zu machen, statt zu meinem Chef. Es ist sehr wichtig für die Menschheit, dem Ego nicht die ganze Macht zu überlassen. Also versuche ich jetzt, mein Ego zu lieben. Damit es schließlich der Wille meiner Seele sein kann, dem das Ego folgt, statt seinem eigenen Willen. Wie können wir also das Ego leichter dazu bringen, dem Willen unserer Seele zu folgen?

Sie tun es jetzt.

Und was ich tue, ist, dass ich jedes Mal, wenn ich aus dem Fokus gerissen werde, zum Ego sage: Ich liebe dich, und ich möchte dich hier bei mir haben, mit meiner Seele in meinem Herzen.
Das ist sehr gut und wichtig, sagen die Meister.

29-12-18
Jetzt bist du bereit für die nächste Aufgabe. Jetzt gehst du wieder auf Reisen.

Nach Aruba?

Nein, Neuseeland.
Du wirst das neue Jahr in Neuseeland feiern.

Wow, gib mir ein Zeichen, wohin ich reisen soll?

Sobald du nicht an dem Punkt bist, auf den du dich konzentrierst, stiehlt das Ego deine Aufmerksamkeit.

Ja, sehr sogar.

Ja, es ist dein Ego, das dich nach Aruba will.

Ist es das?

Ja, sehr sogar.

Neuseeland ist eine völlig andere Richtung als Arguineguin. Welcher Meridian ist es dann?

Die Meridiane, die du öffnest, kreuzen die anderen Meridiane, die auf einer anderen Ebene liegen.

OK, es sind also nicht die vertikalen und horizontalen Linien, wir werden dann aufwachen?

Nein, sie waren schon immer da, Illia, du sollst neue Linien erschaffen. Du wirst neue Linien erwecken, die es vorher noch nicht auf der Erde gab.

Die Linien von Arguineguin nach Neuseeland verlaufen also über die anderen Linien?

Ja, das ist es. Sie verlaufen über die vertikalen und horizontalen Linien, sie folgen dem Oval wie keine anderen Linien. Sie folgen dem Oval auf der Erde. Das Oval ist die Form der Reise der Erde im Universum. Es ist also die Reise der Erde im

Universum, die du aufarbeiten musst. Du musst die Reise der Erde dort manifestieren, wo sie ist, damit sie nicht verdrängt wird. Das ist sehr wichtig.

Wann soll ich reisen?

So bald wie möglich.

Gib mir ein Zeichen. Ich brauche Zeichen, denn diese Reise ist teuer. Sollte ich dann nicht zu Hause sein und die Bilder des Osiris-Engels Ammari malen?

Du planst sie, skizzierst sie und malst sie aus. Du hast Farben in Las Palmas gekauft und es ist wichtig, sie dabei zu haben. Dann färbst du und erschaffst die Bilder, wie sie sein sollen. Dann setzt du sie einfach um, wenn du nach Hause kommst.

Wie lange soll ich dort sein?

Fast 14 Tage.

Ich muss sicher sein, denn mein Ego hat es so oft vermasselt.

Dein Ego vermasselt es die ganze Zeit.

Ja, in Spanien und in Arguineguin.

Es ist nicht immer das Problem des Egos.

Nein?

Nein, denn wir können die Leute nicht zwingen, etwas zu tun, was sie nicht tun wollen. Wir geben ihnen eine Botschaft mit ihrer Intuition, aber wenn sie dieser nicht folgen, können wir nichts dagegen tun.

2-1-19
Was werden Sie mir heute sagen, liebe Meister?

Heute sind wir gekommen, um den Menschen ein Geheimnis zu verraten.

Was ist das denn für ein Geheimnis?

Es gibt ein Geheimnis über das Wunder des Lebens, das in euch allen schlummert. Es ist ein Geheimnis, das für immer vor euch Menschen verborgen gehalten

wurde, um euch unter Kontrolle zu halten. Sie alle haben einen magischen Punkt.

Wo ist der magische Punkt?

Es gibt einen magischen Punkt im Magen. Wenn Sie diesen Punkt berühren, wachsen Sie noch schneller. Es ist sehr wichtig, den Solarplexus gründlich zu reinigen, denn dort sitzt er. Im Solarplexus, in einem Raum darin. Hinter der Muskulatur verbirgt sich ein Punkt der Weisheit, von dem noch niemand zuvor gehört hat. Es ist sehr wichtig, dass Sie diesen Punkt verbreiten, genauso wie Sie das Licht Christi im Herzen an andere weitergeben.
Aber zuerst muss man es selbst finden. Wir helfen Ihnen dabei, wenn Sie danach ins Bett gehen.
Wenn du die Christuskerze um deinen Körper nimmst, gehst du mit dem Licht dorthin und erleuchtest diesen Punkt.

Übung 9. Magischer Punkt im Magen.
Atme tief in deinen Bauch, dann nimmst du Kontakt mit dem Christuslicht in deinem Herzen auf und bringst es hinunter in deinen Bauch, von der Mitte deines Bauches bis zu deinem Nabel.

Dann führen Sie ihn langsam nach oben, um ihn auf dem Weg zum Solarplexus zu reinigen.

Ich habe das Gefühl, dass es sehr langsam geht und es kühl wird.

Es sollte abkühlen, da der Solarplexus ein sehr aktives Zentrum ist. Wo alle Kräfte und Emotionen zusammenkommen und Spannung erzeugen. Hier muss man sich also etwas Zeit für den Versand nehmen.
Spüren Sie, wie es weiter nach oben geht, spüren Sie, wie es ganz nach unten ins Becken geht.
Es gibt große Spannungen im Zusammenhang mit dem Solarplexus, nach außen hin zum ganzen Körper. Die Übung, die Sie Ingrid mit dem Sprengen des Gürtels gemacht haben, ist also eine sehr nützliche Übung. Machen Sie also diese Übung, bevor Sie mit der Christuskerze beginnen.

Ich habe einfach das Gefühl, dass es nach hinten und nach innen geht?

Jetzt kommt es zur Sache.

Wo ist dieser Punkt?

Ganz in der Mitte des Körpers.

Gerade als ich einen Punkt erreicht habe.
Können wir uns in diesem Punkt etwas Besonderes
vorstellen?

Es ist sehr clever.

Können wir es also als einen Stift sehen, der vom
Rücken hineingeht?

**Nein, machen Sie nicht so einen längeren Tap, das ist
nicht gut. Betrachten Sie es als eine kleine Perle, die in
der Leere hinter dem Solarplexus schwebt. Hinter den
Muskeln im Solarplexus und im Inneren des Dorns der
Wirbelsäule, in deren Mitte, schwebt eine kleine Perle.**

Nennen wir das die Sonne?

**Ja, es ist der Schöpferpunkt des Göttlichen.
Wenn Sie die Perle sehen, begrüßen Sie sie. Lieben Sie
es und seien Sie in dem Moment, in dem Sie nach der
Perle suchen.**

Übung 10. Den Gürtel platzen lassen

Dies ist eine sehr starke Übung, also machen Sie es am Anfang ruhig, damit die Übung nicht zu stark wird! Ich kann mich nicht erinnern, woher ich diese Übung habe. Aber ich habe es verwendet, wenn ich mich angespannt gefühlt habe und besonders wenn ich nicht schlafen kann.

Stellen Sie sich vor, Sie hätten einen Gürtel fest um Ihre Taille.

Dann sollten Sie versuchen, den Gürtel zu platzen, indem Sie die Muskeln im Solarplexus drücken und anspannen, sodass der Gürtel platzt! Drücken Sie zunächst leicht, dann werden Sie sehen, wie stark Sie dem Druck standhalten.

8-1-19

Was werden Sie mir heute sagen, liebe Meister?

Wir sind heute hier, um eine große Weisheit mit Ihnen zu teilen. Wenn Menschen ihre Energien absorbieren und ihre Energien steigern, werden sie viel empfänglicher für die Energien anderer.

Sie meinen also, wir sollten uns von Menschen fernhalten, die weniger Energie haben?

Nein, bleib nicht weg, aber sei nicht so viele Stunden am Stück mit ihnen zusammen. Denn dann bist du am selben Ort wie sie. Denn es ist einfacher für dich, ihr Ego zu übernehmen.
Sie sind in ihrem Denken so beschränkt, dass sie dein Schweigen nicht hören, und du hörst dann all ihre Unruhe.

Ist das nicht eine Möglichkeit für mich, das zu blockieren?

Ja, du kannst dich ein wenig von ihnen distanzieren.

Inwiefern meinst du das dann?
Für mich sind alle gleich große göttliche Wesen.

Ja, aber sie sind nicht so weit gekommen wie du, ergo musst du auf deine Seele und dein Herz aufpassen, um nicht überwältigt zu werden.

Wir glauben, dass du vorsichtig sein solltest, mit wem du Umgang hast.

Du musst mit Menschen mit höheren Energien zusammen sein, um schneller zu höheren Energien zu wachsen.

Wenn alle im Energieniveau unter dir sind, dann kannst du nicht so leicht wachsen, wie wenn du bei uns wärst.

Muss ich dann langsamer wachsen, oder ist Mutter Erde in einer solchen Notlage, dass ich mich beeilen muss, um erleuchtet zu werden?

Um die Erde zu retten, musst du erleuchtet sein. Und erleuchtet zu sein bedeutet, viel allein zu sein, in deiner eigenen Energie.

11-1-19
Wir möchten dir heute sagen, dass du jetzt große Angst hast, dein Ego hat jetzt große Angst. Es finden große Veränderungen in deinem Leben statt, und wir verstehen, dass es dir schwerfällt.

Ja, es gibt viel zu beachten bei verschiedenen Übungen. Viele starke Erfahrungen und Transformationen. Manchmal wird es mir zu viel.

Wir verstehen das, aber jetzt musst du ein wenig mehr tun, verstehst du, mit deinem Bewusstsein. Um das tun zu können, was Sie in Neuseeland tun werden, müssen Sie Ihr Bewusstsein erweitern.

Die.m, Sonne scheint im Inneren

Die Ewigkeit spiegelt ihre Flügel im Tanz

Finde niemals Frieden in einer Illusion

Glaube nicht an das, was war

Eins mit der inneren SONNE

Die innere göttliche Quelle

Dort ruht das göttliche Kind

Schwebt in ewiger Glückseligkeit Eins mit allem

Eins mit der Liebe

Im unendlichen Wesen des Lebens

Ingrid

13. Liebe

Wenn Sie die Energie der Bäume, der Luft und des Wassers spüren, fließen Sie mit ihrer Energie.
Anstatt mit der Energie der Gedanken anderer zu fließen.
Stein strahlt eine andere Art von Energie aus als Bäume. Pflanzen strahlen Energie von denen aus, die sie angebaut haben, und diejenigen, die sich ausgebreitet haben, haben eine andere Energie. Daher strahlt es viel Energie in Wohnungen aus. Dort lagern Sie viele Dinge, die von verschiedenen Menschen hergestellt wurden.
Alle Dinge strahlen also ihre eigene Energie aus, die Sie in Ihrem Leben beeinflusst. Das Beste ist also, so wenig Dinge wie möglich um sich herum zu haben.
Dinge schränken Sie ein, basierend auf den Beschränkungen des Schöpfers, die in den Dingen bestehen bleiben, die er schafft.
Behalten Sie also die Dinge, die Sie aufrichten und die Sie betrachten, anschauen und genießen. Die anderen Dinge sollten Sie loswerden. Oder kaufen Sie keine neuen Dinge, die Energie haben, die Sie einschränkt.

Energie

Die Meister sagen:
Alles ist Energie, alles hat Energieausstrahlung, weil
alles durch Liebesenergie geschaffen wird.
Die Vorhänge haben eine Energie, der Teppich eine
andere und füllen den Raum mit ihrer eigenen
Energie, die mit Ihrer Energie in Konflikt geraten und
ein Ungleichgewicht in Ihrer Aura verursachen kann.
Menschen, die diese physische Realität verlassen haben,
können ihre Energie auch an Dingen festhalten, z. B.
geerbte Möbel. Gebrauchte Möbel gekauft und solche
Dinge, die sie benutzt haben. Wenn sie mit diesen
Dingen glücklich waren oder sie ihnen viel bedeutet
haben, dann haben sie ihre Energie in diese Dinge
gesteckt.
Und das beeinflusst Ihre Energie, Ihre Aura.

Das Leben und seine Offenbarungen sind in der
Gegenwart angeordnet, dann verbrauchen wir nur die
höchsten Energien.

15-1-19

Wir möchten, dass Sie den Menschen beibringen,
Vertrauen in das Universum zu haben.

Wie kann ich ihnen das dann beibringen?

Indem Sie Vertrauen in das Universum haben, uns
vertrauen und darauf vertrauen, dass wir Ihnen Gutes
wünschen.
Wir geben Ihnen eine Übung, um Vertrauen
aufzubauen.

Übung 11. Vertrauen aufbauen und neue Gedanken
schaffen. Wir möchten, dass Sie mit geschlossenen
Augen sitzen und sich auf einen Punkt in Ihrem Kopf
konzentrieren.

OK. Gibt es einen speziellen Punkt?

Ja, in der Mitte Ihres Kopfes gibt es einen Punkt, und
dort kommen alle Gedanken herein. Dort erschaffen
Sie die Welt.

Ist er in der Nähe des Kronenzentrums?

Ja, aber er liegt tiefer.

OK, was werden wir dort tun?

Sie sollten die Gedanken, die Sie wollen, an diesem Punkt manifestieren.

Für mich und die ganze Welt?

Für dich selbst und die Erde werden wir diesen Punkt auf Facebook teilen.
So können andere an diesem Punkt arbeiten und Hilfe bekommen, um die Gedanken zu erzeugen, die sie wollen.

Vielen Dank, ist es also nur, einen Gedanken in diesen Punkt zu setzen?

Ja, manifestiere einen Gedanken, sieh, visualisiere den Gedanken in diesem Punkt. Und denke den Gedanken in den Punkt hinein, während du ihn visualisierst.

So stark, ich habe mich sofort entspannt.

Das ist ein wichtiger Punkt, eine sehr wichtige Übung. Nimm sie jeden Tag, während du das göttliche Licht im Herzen durch den Körper schickst, und du nimmst das Licht zu diesem Punkt. Das ist Magie auf höchstem Niveau.

20-1-18

Ich sitze hier in Neuseeland und wenn ich mich heute mit dem Baum verbinde, sehe ich mein Licht und das Licht im Baum. Dann umarmt mich der Punkt auf dem Baum überall, was ist das?

Es ist ein Geschenk des Baums an dich.

Danke, lieber Baumfreund.

Ich möchte dir von der Reise erzählen, auf der du dich gerade befindest, es ist eine Reise des Bewusstseins. Du wirst jetzt eine völlig andere Sicht auf das Leben haben, eine völlig andere Sicht auf alles, du bist jetzt bereit dafür.

Ich merke, dass in meinem Körper viel passiert.

Ja, und in den nächsten Tagen wird noch mehr passieren. Es ist ein Prozess, der lange dauern wird, der über einen langen Zeitraum hinweg aufgearbeitet wird. Du wirst dich ganz verändert fühlen, wenn du nach Hause kommst. Ich denke, wir werden es schaffen, das meiste davon zu erledigen, während du hier bist. Wenn du empfänglich bist und unsere Nachrichten annimmst.

Gibt es also etwas Besonderes, das du mir jetzt sagen möchtest, Vidaldi?

Ja, wir möchten, dass du jetzt an einem Prozess teilnimmst, der sehr groß und sehr stark ist.

Soll ich mich weiterhin auf den Punkt konzentrieren?

Ja, jetzt wirst du eine Veränderung in deiner Sicht bemerken.

Ich kann nicht anders, als all die Bewegungen zu bemerken.

Das ist gut, es ist wichtig, aber du hast immer noch den Fokus, richtig?

Ja, alles bewegt sich zusammen in Energiewellen.

Es wird jetzt abheben, nimm es auf.

Ich entscheide mich, zu akzeptieren, was kommt, ich bin bereit für Veränderungen in meinem Leben.

Ja, wir wissen es, sonst wären wir noch nicht zu dir gekommen, dann hätten wir ein bisschen gewartet.

Danke. Seid ihr diejenigen, die mir die Idee gegeben haben, dass das Leben, das ich führe, nicht mehr so aufregend ist?

Ja, ich muss dir sagen, dass von jetzt an so viel Aufregenderes passieren wird.
Auf der Reise, die du bisher unternommen hast, warst du sehr unter Druck. Weil du dachtest, du würdest viel tun, aber es sind die kleinen Dinge, die du tust, die wichtig sind. Die Einheit ist sehr wichtig, sobald du dich mit der Einheit verbindest, bist du da. Dann bist du eins mit uns.

Wer sind wir? Ich möchte wissen, mit wem ich spreche?

Vidaldi, Jesus, Gabriel und Mori.

Erzengel Gabriel? Und wer ist Mori?

Nicht Erzengel Gabriel, sondern der große Meister Gabriel der Plejaden.
Mori ist ein Freund von dir vom Sirius.

Danke für all die Geduld, die du mit meinem kleinen Ego hast.

Oh, du bist viel größer, als du denkst, aber vergiss nicht, dass du in einem menschlichen Körper bist, der in einer sehr begrenzten Manifestation der Realität lebt.
Du wirst es bemerken, wenn deine Seele erleuchtet ist, du wirst bemerken, was in deinem Körper geschieht.
Auf eine völlig andere Weise, als du es zuvor getan hast.
Du wirst es auf eine völlig andere Weise empfangen, als du es zuvor getan hast. Es wird in gewisser Weise

zu einer Reise in dein eigenes Bewusstsein. Die Reise deines eigenen Körpers mit der Seele, dieser Prozess.

Okay, das ist so komisch, weil es so ist, als würde ich mich auf alles gleichzeitig konzentrieren. Gleichzeitig konzentriere ich mich auf diesen Punkt.

Ja, das stimmt, jetzt haben Sie eine viel offenere Sicht, die viel mehr umfasst als zuvor. Als wir Sie zuvor gebeten haben, sich auf einen Punkt zu konzentrieren, haben Sie alle Bewegungen um Sie herum als Störung wahrgenommen. Damit sind Sie fertig, jetzt sehen Sie sie als Teil des Punktes.

Ja, sehr stark, ich fühle es in meinem ganzen Körper schwingen, wenn sich dieser Baum bewegt. So wie ich es zuvor mit den Vögeln getan habe, habe ich die Bewegung ihrer Flügel in meiner Aura gespürt.

Ja, das ist dasselbe, aber jetzt haben Sie nicht nur die Vögel, deren Flügelspannweite Sie spüren.
Sie spüren jetzt Bewegung in allem, immer allmählicher, wenn Sie eins werden mit der Energieausstrahlung von allem.

22-1-19

Wir sind heute hierhergekommen, um Ihnen zu sagen, dass Sie auf dem richtigen Weg sind. Sie finden, was Sie brauchen, machen Sie sich keine Sorgen.
Sie sind jetzt bereit und darüber freuen wir uns.

Danke, ich habe mit all den Prüfungen sehr gekämpft. Möchten Sie mir noch mehr sagen?

Ja, heute werden Sie ein großes Problem für die Maori lösen.

Was?

Sie werden heute Teil einer Erfahrung sein, wie Sie sie noch nie zuvor gemacht haben. Sie werden sie im Spirituellen erleben.

23-1-19

Wir möchten Ihnen sagen, dass Sie gestern sehr gut gearbeitet und genau das getan haben, was Sie gestern tun sollten.
Sie haben die Leute kontaktiert, die Sie kontaktieren wollten, und Sie haben die Energie aufgebaut, die Sie erreichen wollten.

Danke, darüber freue ich mich.

Darüber freuen wir uns auch, jetzt geben wir Ihnen eine neue Übung.

Übung 12. Nackenzentrum.
Schließen Sie die Augen und kontaktieren Sie das Zentrum hinten im Nacken, im Nacken.
Dort ist ein kleiner Punkt. Genauso wie bei den anderen Punkten.
Wenn Sie ihn sehen, lieben Sie ihn, lieben Sie diesen Punkt.

Es fühlt sich an, als würde er mir den Hals verdrehen.

Ja, du brauchst ihn, Ingrid, denn du hast viele Blockaden im Nacken. Weil du zu den Leuten aufgeschaut hast, weißt du, weil du so klein bist. Und du hast dich selbst davon abgehalten, die Wahrheit zu sagen.
Stattdessen folgst du einfach anderen, um gut genug zu sein.
Der Punkt dort drinnen ist ein wunderschöner kleiner blauer Punkt. Auch dort ist ein kleiner Edelstein, den

du wachsen lassen kannst. Er wird immer mehr wachsen, je mehr du ihn berührst.

Die Übung sollte mit so vielen Menschen wie möglich geteilt werden, denn sie wird gebraucht. Viele, die im Nackenzentrum feststecken.

Danke. Es war das Kronenzentrum, das ich heute geteilt habe.

Ja, es ist gut, viele Menschen müssen an ihren Gedanken arbeiten und diesen Punkt in ihrem Kopf aktivieren. Um schöne Gedanken zu erschaffen, statt nur alte Geschichten.

24-1-19

Ich sitze da und konzentriere mich und frage mich, was ich hier unten in Neuseeland tun soll? Sie sagen mir, dass ich auf einer spirituellen Reise bin und dass im physischen Leben hier nicht viel passieren wird. Gestern Morgen wurde ich von einem toten jungen Maori-Schamanen besucht, der kam und mich anschrie.

Er fing an, mich anzuschreien! Du glaubst also, du kannst hierher kommen, um uns Maori zu helfen?

Er glaubte überhaupt nicht, dass ich etwas wusste, was sie nicht wussten, aber es ist viel einfacher, als du denkst.

Dann stellte ich ihm die Frage, die ich allen Toten stelle, denen ich nach Hause helfen möchte. „Wie fühlt es sich an, eins mit der Seele in deinem Herzen zu sein?" Dann machte die Pfeife einen weiteren Ton, er dankte und reiste weiter in andere Realitäten, befreit von der Schwerkraft der Erde.

Das ist ein sehr magischer Satz, denn wenn sie tot sind, befinden sie sich in einer Realität ohne Grenzen. Wenn ich diesen Satz also verwende, werden die meisten Menschen vor meinen Augen erleuchtet.

Später am Tag kam ein weiterer toter Schamane, um Hilfe zu holen. Es war sehr beeindruckend, sie sich verändern zu sehen. Wo sie von müden, vielleicht alten Menschen zu verwandelten Menschen werden und eins mit ihrer Seele werden. Zu sehen, wie sie in 2 Sekunden jung und schön werden, das ist magisch! Wenn sie glauben, dass sie eine Seele haben, dann ist das gut zu erkennen, ansonsten muss ich mit viel Überzeugung arbeiten.

29-1-19

Ich frage meine Meister hier, ich sitze draußen zwischen den Bäumen. Gibt es keine Möglichkeit, uns zu helfen? Denn wir kämpfen die ganze Zeit mit diesem Ego. Es bringt uns aus dem Fokus, es hält uns davon ab, die Übungen zu machen. Es tut alles, um uns daran zu hindern, als Seelen zu wachsen.
Gibt es eine Übung oder etwas, das uns helfen kann, das Ego zu überwinden oder es zu überhören?
Irgendwie, um es uns leichter zu machen, zu wachsen?

Nehmen Sie die erste Antwort an, die kommt, und nicht die zweite, da machen Sie ständig Fehler.
Sie müssen sich so bewusst sein, dass Sie die erste Antwort, nach der Sie fragen, annehmen können.

Und warten Sie nicht auf die nächste, die viel klarer vom Ego in Ihrem Kopf ist.
Es ist so wichtig, jedes Mal, wenn Sie eine Nachricht wollen, erneut zu fragen, um eine Antwort zu bekommen. Die erste Antwort, die so schnell kommt, fast bevor Sie die Frage zu Ende gestellt haben, kommt von der Seele.
Danach kommt alles vom Ego oder von toten Menschen um Sie herum und alles andere. Viel Glück.

Kannst du uns dann nicht helfen, die Seele etwas langsamer reagieren zu lassen?

Das ist möglich, aber nicht immer erfolgreich, weil dann das Ego sofort da ist.

Ich sitze hier im Wald und das Zirpen der Zikaden ist unglaublich laut.
Ich habe gerade mit einem Freund über Schallwellen gesprochen und sie sagen, dass die Schallwellen, die es jetzt gibt, bei 420 Hertz liegen. Und manche sagen, dass die besten Schallwellen für Menschen 420 sind. Welche Hertz hat das Zirpen der Zikaden?

240.

Wofür sind 240 Hertz gut?

Es ist gut für die gesamte Menschheit, es ist die reine Lebensenergie.

Was ist dann mit 420?

Es gehört zur Erde, aber wir sind nicht von der Erde. Wir leben auf der Erde, also sind 240 richtig für uns.

30/1
Osiris, was willst du mir heute sagen, was denkst du, ist wichtig?

Ich gehe jetzt auf die Einheit mit dir zu, aber du musst es zu 100 % wollen.

Ich weiß nicht, was mich davon abhält?

**Du hast Angst, du hast Angst vor Veränderung. Die meisten Menschen haben Angst vor Veränderung.
Du hattest mich immer hier. Du hast mich gesehen, du hast mit mir gesprochen. Wovor hast du Angst?**

Dass die Veränderung mich so anders machen wird. Dass ich kein normales menschliches Leben mehr führen kann.

Du brauchst es, du bekommst klarere Gedanken. Klare Sprache und du wirst eine viel stärkere Verbindung mit deiner Seele haben. Und du wirst immer wissen,

welchen Weg du gehen musst, nicht alles verändert
sich.

Versprichst du mir das?

Ja, Ingrid, das verspreche ich dir.

Ich habe solche Angst, dass ich so fremd und anders
sein werde.
Dass ich nicht mehr mit anderen Menschen
zusammen sein kann?
Ich war schon immer gern mit Menschen zusammen.

Ja, aber nicht so lange, nur ein bisschen.
Du musst dich konzentrieren, wir brauchen das, du
und ich. Wir müssen zusammenhalten, um eins zu
werden. Es ist wichtig für Mutter Erde und die
Menschheit, es ist wichtig, dass wir eins werden. Sehr
wichtig, also komm jetzt und kommuniziere jeden Tag
mit mir.

Jetzt habe ich Schluckauf.

Ja, du veränderst dich, Illia, solange du mit mir
redest, veränderst du dich. Wenn du mit mir redest,

wächst dein Bewusstsein, denn du bist vollkommen bei Bewusstsein, wenn wir miteinander reden.

Ich bin kein denkender Typ, Osiris, also gibt es etwas, das du mir sagen willst, das wichtig ist und wonach ich fragen sollte?

Ja, das gibt es.

Wie viele Leben warst du meine Seele, Osiris?

10 Leben.

Jetzt verstehe ich nichts mehr. Ich dachte, du wärst hunderttausend Leben lang meine Seele gewesen?

Ja, du hast so viele Leben gelebt, aber nicht mit mir als Seele.

Habe ich meine Seele im Laufe der Zeit verändert?

Es ist schwer zu erklären, Ingrid, aber du hattest in diesen Leben viele verschiedene Seelen.
Der Grund, warum du so viele Leben hattest, ist, dass du in diesen Leben verschiedene Seelen hattest.

Was? Jetzt verstehe ich nichts mehr. Ich dachte, ich hätte mein ganzes Leben lang dieselbe Seele gehabt?

Nein, es ist nicht leicht zu verstehen, aber es ist wichtig, dass du darüber nachdenkst.
Um genau dieser Sache Weisheit zu verleihen, damit die Menschen vorankommen.
Sie hängen so an ihren vergangenen Leben fest, dass sie vergessen, hier und jetzt zu leben. Und vergessen Sie die großen Meister, die sie hier und jetzt in sich tragen.

Was passiert also? Sind wir von Anfang an Engel?

Wir sind alle Engel, denen unterschiedliche Leben gegeben wurden.

Ich verstehe das nicht.
Ich dachte, ich hätte mein ganzes Leben lang dieselbe Seele gehabt, seit ich zum ersten Mal einen Körper bekam?

Ja, aber ich habe deine Seele mit mir ausgetauscht.

Weil du offen bist für das, was wir tun werden. Es gibt nicht viele Menschen auf der Erde, die so offen sind wie du, die die Offenheit und Einheit haben, die du hast.

Oh, das klingt heftig.

Ja, du bist eine wilde Person, du hast eine unglaubliche Kraft. Die Kraft der Liebe in deinem Herzen ist so groß, du umarmst jeden und alles. Weil du so viele Leben gelebt hast, hast du so viel erlebt und weißt, dass alle miteinander verbunden sind.

Okay, möchtest du mir noch etwas sagen, Osiris?

Ich möchte, dass du mich über das Leben als Ganzes fragst.

Ja, warum haben wir uns entschieden, auf der Erde zu landen?

Das, Ingrid, ist eine große Frage.

Ja, ich würde gerne wissen, warum sind wir hier gelandet, warum haben wir uns entschieden, auf der Erde zu landen?

Weil du erfahren musstest, wie es ist, Gott in physischer Form zu sein.

Brauchst du es? Warum mussten wir auf die Erde kommen? Hätten wir nicht genauso gut im Himmel sein können, im Paradies, eins mit allem?

Nein, irgendwann wird einem im Himmel langweilig und man möchte etwas Neues erleben.

Okay, also wollten alle Engel etwas Neues erleben?

Ja.

Wow, dann kommen wir zu diesem schweren Leben hier unten.

Ein Leben hier auf der Erde ist so wenig Zeit in der Zeit des Universums. Wenn man also ein Engel ist, ist diese Zeit so kurz. Aber für diejenigen unter euch, die

körperlich fit sind, ist es ein großes Trauma, es ist hart.

Ja, warum müssen wir Leben für Leben geboren werden?

Weil das Ego auf der Erde so groß ist, dass man seine Seele vergisst. Deshalb ist es hier unten eine Aufgabe, zurückzukommen. Wieder eins mit seiner Seele zu werden. Dann ist man mit den Reisen auf der Erde fertig und dann ist Platz für andere, die auf die Erde kommen.
Es stehen viele an, es ist wichtig, dass du jetzt weitermachst. Eins mit deiner Seele zu werden. Damit auch andere herunterkommen können und nicht nur du, immer und immer wieder, die schon hier waren.

Oh, halten wir auf der Erde Platz für andere?

Du hast das Sprichwort vor Illia gehört, dass es Seelen gibt, die darauf warten zu erfahren, wie es ist, physisch auf der Erde zu sein.

Ja, habe es gehört, aber nie etwas Besonderes dabei gedacht.

Nein, das wissen wir. Deshalb bist du so leicht zu entwickeln. Weil du nicht so viel darüber nachdenkst, sondern es als eine einfache Sache betrachtest.

Aber jetzt musst du anfangen zu denken, denn es ist wichtig, dass du weißt, was für dich hier auf der Erde zu tun ist.

Du musst die Herzen der Menschen öffnen, Illia, damit sie in ihre Seele kommen. So schnell wie möglich eins mit der Seele werden und du musst es oft tun.

Sprich ständig darüber, halte Workshops darüber ab und öffne viele, denn es ist wichtig für die Gesundheit der Erde. Und für den Menschen den Übergang in andere Sphären, andere Realitäten und andere Planeten, um dort Erfahrungen zu sammeln. Denn dies ist das primitivste Leben, das man im ganzen Universum erleben kann.

Ist das wahr, Osiris? Ist dies der primitivste Ort im ganzen Universum?

Ja, leider ist es schwer für mich zu sagen, aber dies ist die primitivste aller Welten.

Oh Gott, jetzt tut mir die Menschheit leid.

Ja, aber sie wollten es erleben. Sie haben nur ihre Seele vergessen und deshalb wiederholt sich das Leben hier auf der Erde, immer und immer wieder auf unbestimmte Zeit. Bis sie eins werden mit der Seele in ihrem Herzen.
Dann ist die irdische Reise vorbei und sie können in andere Realitäten gehen.

Wie soll ich das schaffen, so viele müssen aufwachen? Osiris, was kann ich dagegen tun? Dass so viele wie möglich aufwachen und sich entscheiden, den Weg des Herzens zu gehen?

Dieses Buch von Ihnen ist sehr, sehr wichtig.

Ist das Buch fertig? Sie sagten, Sie sollten nicht mehr in das Buch channeln?

Es ist nicht fertig, es muss redigiert werden. Und jetzt sollten Sie Ihre Erfahrungen aus der Kindheit und Ihrem spirituellen Leben aufschreiben.
Erfahrungen, die Sie in Ihrem Leben über das Spirituelle gemacht haben, sind wichtig und sollten in das Buch aufgenommen werden. Denn dann können

sie spüren, dass es wirklich passieren kann und nicht nur etwas ist, worüber wir geredet haben.

Sie sagen, dass es nur auf dem Planeten Erde physisches Leben gibt.

Ja.

Deshalb sind wir also hier? Um zu erfahren, wie es ist, in einem physischen Körper zu sein.

Ja, weil wir denken, dass dieser Planet so schön aussieht. Und wir wollten so sehr erfahren, wie es ist, in einem physischen Körper zu leben.

Es klingt schön, aber wo kam dann das Ego ins Spiel?

Wir haben etwas geschaffen, das die Wünsche, den Hunger und den Durst in Schach hält, damit man nicht erfriert oder verbrannt wird. Solche Dinge, die normalen Überlebenssinne, sind für nichts anderes da.

Aber wie wurde das Ego geschaffen?

Aber wie wurde das Ego erschaffen?

Das Ego wurde von einer Masse erschaffen, einer Energiemasse, dann übernahm es völlig die Kontrolle.
Es wurde einfach zu stark.
Die Stimme des Egos wurde zu stark.
Also hörte man die Stimme der Seele nicht mehr. So ansprechend, so sanft, schön, schnelle Stimme im Herzen. Und sie wurde völlig vom Kopf überhört. Alles geschah im Kopf, man aß, atmete und schaute mit dem Kopf. Daher lag der ganze Fokus auf dem, was in Ihrem Kopf geschah.
Statt auf dem, was im Herzen geschah, was wirklich das Wichtigste am physischen Körper ist.
Hier ist die Seele, der Rest gehört nur zu ihrem Körper.
Die Seele ist hier im Herzen.
Und Ihr Körper hat mit dem Ego zu tun, und Ihr Körper ist nicht das Wichtigste. Ihr Körper ist derjenige, der Ihre Seele genau hier auf der Erde hält. Sie haben sich besser um Ihr Haus gekümmert als um sich selbst.
Es ist typisch, dass die Leute sich sehr gut um ihr Haus kümmern. Dann kümmern sie sich nicht um

ihren Körper. Stress macht anfällig für Krankheiten, aber das liegt daran, dass wir unseren Kopf die Kontrolle übernehmen lassen.

Wenn Sie zur Einheit wechseln, verschwinden diese Einflüsse. Denn in der Einheit gibt es keine Schwerkraft, keinen Glauben. Es gibt keine Emotionen, keine Gedanken, sondern reines Sein der Ewigkeit. Wenn man in Einheit ist, gibt es keinen Tod, keine Geburt und keine Trauer.

In der Ewigkeit existiert nur Einheit. Ewiges Staunen über das unendliche Sein des Lebens. Das unendliche Sein des Lebens ist ein Ereignis, für das wir arbeiten müssen.

Denn das Erwachsenwerden zieht uns von der Einheit weg. Weil die Evolution auf der Erde noch nicht so weit fortgeschritten ist, gibt es nicht so viele Menschen, die in Einheit leben, eins mit allem. Also haben wir niemanden, von dem wir lernen können. Deshalb muss es von Person zu Person erworben werden. Je mehr Menschen die Einheit erwerben, desto einfacher ist es für andere, im Jetzt zu sein und die Einheit zu spüren.

Und arbeite daran, die Einheit vollständig zu besetzen. Wenn du in der Einheit bist, verschwinden alle Sorgen und Nöte.

Alle Ohnmacht, alles Misstrauen, alle Unsicherheit und alles andere existiert nicht. In der Einheit existiert Liebe.

Verliebt zu sein erhebt dich über alle Grenzen. Das ist das Leben, in das du alle gehst. Und Illia ist hier, um dir dabei zu helfen.

Wenn du in der Einheit bist, verwandelt sich dein Körper in Einheit. Du wirst frischer und gesünder sein. Gedanken werden immer reiner und Emotionen werden immer freudiger und liebevoller.

Erfahrung:

Sitzen und in Einheit sein, eins mit allem, und den Flügelschlag des Vogels als Berührung in meinem Körper und meiner Aura spüren. Je mehr wir im Jetzt sind, desto stärkere Erfahrungen machen wir im Jetzt. Das erfüllt den ganzen Körper mit Freude und Liebe, eins mit allem, was ist.

12-2-19

Jesus sagt, er habe seinen Prozess, seine Reise zum Licht und dem Bewusstsein Christi mit 14 Jahren begonnen. Er findet es sehr hart und verstand nicht, was geschah. Er begann zu erkennen, dass es etwas Besonderes war, weil ein Engel kam und ihm erschien.

Er dachte, es sei der Beginn seines Prozesses.

Diese Engel, sagt Jesus, heben die Energie so hoch,
dass der Prozess von selbst beginnt. Ohne dass wir ihn
überhaupt kontrollieren. Sie heben unsere Energie.

Möchtest du uns noch mehr sagen, Jesus?

**Ja, es ist ein starker Prozess, nichts für schwache
Nerven, ha, ha, ha.**

Ich weiß.

**Und das Ego wird noch lange kämpfen, Ingrid.
Oh Gott, es ist so ermüdend mit diesem Ego.**

Ja, es ist so, sehr ermüdend, aber du fängst jetzt an,
es zu erkennen, oder?

**Ja, aber ich denke, es war jetzt hart.
Es spricht nichts gegen das, was kommt, also sei
vorsichtig. Sei Teil dessen, womit wir dir helfen.
Es ist wichtig, die Übungen jeden Tag zu machen. Am
besten mehrmals am Tag, denn das wird dich erheben.**

Besonders das göttliche Kristalllicht um den Körper, das du auf allen alternativen Seiten gepostet hast. Es ist sehr wichtig, dass du es mehrmals am Tag machst, mindestens 2.

Jetzt sehe ich ihn hier auf meiner linken Seite stehen, ich sehe ihn, aber ich wage nicht, ihn anzusehen, denn dann verschwindet der Anblick. Ich sehe dich, danke Jesus.
Ich weine, denn die Liebe, die er mir schickt, ist so stark, ich sehe dich, Jesus!

Ja, du hast so hohe Energien, also kannst du jetzt anfangen, uns zu sehen.

Danke, es wird viel besser und einfacher für mich sein, zu wissen, dass wirklich du es bist, der mit mir spricht. Weil so viele andere versuchen, meinen Verstand zu übernehmen und Fehler zu kanalisieren.

Wir wissen es, es hilft jetzt.

19-2-19

Diejenigen, die ich channele, sagen, dass ich mehr mit dem Ego kämpfen muss, sie sagen, dass jetzt die letzte Phase des Kampfes ist.

Warum sollte es so schwierig sein, eins mit der Seele zu werden?

Es ist nicht schwierig, aber es ist eine unbekannte Erfahrung.

Ja, jetzt gehe ich nach Malta, um die ganze Zeit allein zu sein, also denke ich, dass es gut läuft. Ich tue bereits mein Bestes.

Muss besser sein, sagen sie zu mir, es tut mir leid und sagen, du kannst jemand anderen finden, der die Mission übernimmt.

Es gibt keinen anderen, du bist für diese Aufgabe geschaffen.
Du hast diese Aufgabe übernommen, um der Menschheit zu helfen, weil du die Menschheit liebst, Ingrid.

Ja, ich weiß, aber es ist so hart, so schwer.

Es dauert nicht mehr lange, bis das Schwere vorbei ist.

Danke, ich freue mich wirklich darauf.
Denn es war ein anstrengendes Jahr, mit einem ewigen Kampf mit dem Ego.

Ja, aber du bist einen erleuchteten Weg gegangen, Ingrid.

Ja, das habe ich, aber es war ein Kampf. Es tut weh, wenn Knospen aufbrechen, weißt du.
Wie lange ist es her, dass du auf der Erde warst?
Mit wem spreche ich jetzt?

Vidaldi.

Du hast also nie ein Leben auf der Erde gelebt? Dann weißt du nicht, wovon du sprichst. Dann werde ich mit jemandem sprechen, der ein Leben auf der Erde gelebt hat.
Der große Bruder Jesus zum Beispiel hatte auch damit zu kämpfen. Er kämpfte 40 Tage und 40 Nächte in

der Wüste, um eins mit seiner Seele zu werden und in dem stehen zu können, was war.

Nein, das war nicht der Grund, warum er in der Wüste war.

Nicht? Warum ist er in die Wüste gegangen?

Um wegzukommen von der menschlichen Jagd.

Ja, das Ego will und will die ganze Zeit. Das Ego ist bei den meisten Menschen hoch und wahrscheinlich auch schon vor über 2000 Jahren.

Ja, leider.

2-3-19
Sie sagen, wir sollten heute eine neue Übung machen. Jetzt werden wir das Ego und das Kronenzentrum zusammenführen. Wie machen wir das?

Übung 13. Das Ego erheben.
Sie bringen die Gedanken/Energie des Egos mit dem göttlichen Licht in Ihrem Herzen in das

Kronenzentrum. Versuchen Sie es, wenn Sie können. Es ist wichtig, das Ego zu erheben.

Sollten wir also das Ego als Energie von wo nehmen?

Nehmen Sie die Gedanken des Egos in Ihrem Kopf und ziehen Sie sie zusammen mit dem göttlichen Licht in die Mitte der Krone. Nehmen Sie das Licht aus Ihrem Herzen in die Mitte der Krone und sammeln Sie die gesamte Energie des Kopfes in diesem Punkt.

Spüren Sie, dass im oberen Teil des Körpers viele Dinge geschehen.

Das ist gut, jetzt bringen wir das Ego mit dem göttlichen Licht in die Mitte der Krone, die gesamte Energie aus dem Kopf in diesen Punkt.

Es ist aufregend, ich fühle ein Kribbeln in meinem ganzen Körper. Ist es das Ego, das jetzt kämpft?

Nein, aber du verwandelst dich, indem du mit uns sprichst.

Ja, es stimmt, es ist so stark. Ich fühle mich, als wäre ich schon ganz anders.

Du bist also Ingrid, du hast dich jetzt so oft verwandelt, dass du nicht mehr dieselben Zellen in deinem Körper hast wie vorher.

11-3-19

Man sagt, dass wir alle in unserer eigenen Realität leben und mit anderen Augen sehen. Zum Beispiel diesen Baum dort, sehen ihn andere nicht genauso wie ich?

Du siehst den ganzen Baum, andere Leute nicht. Sie sehen nur die Blätter und Zweige. Es gibt einen Unterschied zwischen Sehen und Nichtsehen, aber schau dir nur den Baum an.
Du lässt die Bäume sehen.
Das war schön gesagt.

Ja, du lässt die Bäume sehen, und nur sehr wenige tun das.
Man sagt, wir sehen mit unterschiedlichen Augen, je nachdem, welches Bewusstsein wir haben, wessen wir uns bewusst sind.

Liebe Meister, danke für all die schönen Erfahrungen, die ihr mir ermöglicht.

Ja, und es wird noch schöner, Ingrid.
Es wird völlig abheben. Ihr werdet von Liebe und Glückseligkeit überwältigt sein, wenn ihr seht, was ihr schließlich sehen werdet. Ihr werdet viel Schönheit sehen, die sich vor euch verwandelt und vor euch erscheint.

Vielen Dank euch allen, liebe große Meister.

DIE ÜBUNGEN:

Übung 1. Alte Unwahrheiten beseitigen
Setzen Sie sich mit geschlossenen Augen hin und
bringen Sie einen Gedanken zum Vorschein, den Sie
über sich selbst haben und der nicht gut ist. Fragen Sie
sich also: Ist das eine Wahrheit für meine Seele?
Nein, natürlich nicht, Ihre Seele denkt nie etwas
Schlechtes über Sie. Dann ist es also auch nicht Ihre
Wahrheit, denn Sie sind die Seele.
Diese Übung ist sehr effektiv, denn wenn Sie wissen,
dass dies keine Wahrheit für Ihre Seele ist, dann ist es
nicht mehr Ihre, dann verschwindet der Einfluss, den
der Gedanke auf Sie und Ihren Körper hatte.

Übung 2. Der Intuition folgen
Wenn Sie morgens aufwachen und nichts zu tun
haben, dann können Sie sich selbst fragen und
aufmerksam sein und sich der Antwort, die sehr
schnell kommt, sehr bewusst sein.
Was soll ich heute tun? Alles kann auftauchen und
dann ist es Ihre Antwort, die Sie brauchen, aber Sie
müssen sich bewusst sein, dass es Menschen in Ihrer
Aura gibt, die Sie vom richtigen Weg abbringen

wollen, und dann müssen Sie sehr aufmerksam sein, um zu sehen/fühlen, woher die Stimme kommt? Wenn sie aus Ihrer Aura kommt, ist es nicht Ihre Seele, die Ihnen den richtigen Weg sagt, sondern der verschlungene Weg, der herauskommt. Seien Sie also vorsichtig, die Stimme kommt aus dem Herzen oder außerhalb von Ihnen.

Übung 3. Die Emotionen beherrschen
Wenn die Emotionen kommen, betrachten Sie sich von außen, der Körper fühlt, aber Sie berücksichtigen das Körpergefühl.
Dann müssen Sie das Gefühl nicht erneut aufnehmen.

Übung 4. Im Jetzt sein
Schließen Sie die Augen und atmen Sie durch die Nase ein. Versuchen Sie, dem Atem durch die Nase zu folgen und ihn weiter nach unten zu verfolgen, bis Sie das Herz erreichen.
Versuche, so lange wie möglich dort drinnen konzentriert zu bleiben, während du weiter durch die Nase atmest.

Jetzt bist du im Körper und im Jetzt, jetzt lassen alle Gedanken und Gefühle nach.

Übung 5. In die Einheit

Visiere jedes Mal, wenn du einen Baum, einen Schmetterling, eine Fliege oder einen Menschen ansiehst, eine Stimmung des Glücks, visualisiere, dass du Liebe aus allem strahlen siehst.

Übung 6. Die Grenze vom Herzen entfernen

Setze dich mit geschlossenen Augen hin und versuche, deine Seele zu spüren. Nimm Kontakt mit dem Bewusstsein im Herzen auf, versuche, die Energie der Seele zu finden, die aus dem Herzen in den Körper und in den ganzen Körper strahlt. Dann werden deine Grenzen zum Herzen entfernt.

Übung 7. Das göttliche Liebeslicht

Schließe die Augen, atme tief in deinen Bauch ein, lege deine linke Hand auf dein Herz und folge der Energie von deiner Hand in dein Herz. Dort siehst du den göttlichen Funken, das Christuslicht.

Nehmen Sie das Licht in Ihren Bauch und lassen Sie es dort eine Weile ruhen. Dann nehmen Sie es in Ihren Kopf auf. Lassen Sie es dort eine Weile, nehmen Sie es zur linken Schulter hinunter und dann zur rechten Schulter, hinunter in die rechte Hand, lassen Sie es dort ein wenig.

Jetzt gehen Sie nach oben und dann nach unten in den linken Arm. Nehmen Sie das Licht jetzt wieder zum Herzen hinunter. Behalten Sie den Fokus auf dem Herzen, hinter dem Herzen im Rücken, schicken Sie es leicht nach hinten und nehmen Sie das Licht in den Rücken, in Ihre Wirbelsäule. Lassen Sie es ein wenig die Wirbelsäule auf und ab gehen und dann zurück zum Herzen. Es ist eine schöne Übung, sie kann so oft wie möglich verwendet werden, um den Körper von Schmerz und alter Geschichte zu reinigen.

Übung 8. Die Zukunft schaffen
Wir möchten, dass Sie nach vorne schauen, die Zukunft sehen, eine Zukunft für Ihre Mitmenschen schaffen.
Visualisierung ist ein kraftvoller Prozess, der funktioniert.

Visualisieren Sie eine Zukunft, in der Sie sehen, dass alle glücklich sind, die Erde gedeiht, alles Wasser sauber und frisch ist.

Sie haben es geschafft, alles aufzuräumen, Sie haben es geschafft, rechtzeitig anzuhalten. Es ist wichtig, dass Sie es visualisieren, es ist eine sehr wichtige Möglichkeit, der Erde zu helfen.

Übung 9. Der magische Punkt im Bauch
Es gibt einen magischen Punkt in Ihrem Bauch, wenn Sie also diesen Punkt berühren, wachsen Sie noch schneller.

Es ist sehr wichtig, das Solarplexus gründlich zu reinigen, denn dort sitzt es. Im Solarplexus, in einem Raum im Inneren, hinter den Muskeln, sitzt ein Punkt der Weisheit, von dem noch niemand gehört hat. Atmen Sie tief in den Bauch ein, nehmen Sie dann Kontakt mit dem göttlichen Licht im Herzen auf und tragen Sie es hinunter in den Bauch, zum Nabel. Dann tragen Sie es langsam nach oben, um es auf dem Weg zum Solarplexus zu reinigen. Es kann cool sein, denn das Solarplexus ist ein sehr aktives Zentrum, in das alle Kräfte und Emotionen einfließen und Spannung erzeugen.

Es gibt viel Spannung in Verbindung mit dem Solarplexus, im ganzen Körper. Dieser Punkt liegt ziemlich in der Mitte des Körpers.

Sehen Sie den Punkt als ein kleines Juwel, das in der Leere hinter dem Solarplexus schwebt. Hinter den Muskeln im Solarplexus und im Inneren des Stifts von der Wirbelsäule schwebt in der Mitte eine kleine Perle. Es ist der Schöpfungspunkt des Göttlichen.

Fülle diesen Edelstein mit dem göttlichen Licht und er wird wachsen.

Übung 10. Den Gürtel sprengen

Dies ist eine sehr anstrengende Übung, also gehe sie am Anfang vorsichtig an, damit sie nicht zu anstrengend wird! Ich weiß nicht mehr, woher ich diese Übung habe, aber ich habe sie verwendet, wenn ich mich angespannt fühlte und vor allem, um ein wenig Schlaf zu bekommen.

Stell dir vor, du hättest einen Gürtel, der eng um deine Taille passt, dann solltest du versuchen, den Gürtel zu sprengen, indem du die Muskeln im Solarplexus drückst/anspannst, sodass der Gürtel gesprengt wird.

Übung 11. Vertrauen aufbauen und neue Gedanken schaffen

Wir möchten, dass du mit geschlossenen Augen sitzt und dich auf einen Punkt in deinem Kopf konzentrierst.

In der Mitte deines Kopfes gibt es einen Punkt, und dort kommen alle Gedanken herein. Dort erschaffst du die Welt. Es gibt einen Punkt in der Mitte zwischen den Ohren tief im Inneren.

Dort manifestieren Sie die gewünschten Gedanken in diesem Punkt. Setzen Sie einen guten Gedanken ein, sehen Sie, visualisieren Sie den Gedanken in diesem Punkt und denken Sie den Gedanken in den Punkt hinein, während Sie ihn visualisieren.

Übung 12. Nackenzentrum

Schließen Sie die Augen und berühren Sie das Zentrum hinten im Nacken, im Nacken vorne. Dort gibt es einen kleinen Punkt. Genauso wie bei den anderen Punkten.

Dann, wenn Sie ihn sehen, lieben Sie diesen Punkt. Der Punkt dort drinnen ist ein wunderschöner blauer, hellblauer kleiner Punkt. Auch dort wie eine kleine

Perle, die Sie wachsen lassen können. Sie wird immer größer, je mehr Sie sie berühren.

Übung 13. Das Ego erheben

Atmen Sie tief ein und bringen Sie das göttliche Licht in Ihren Kopf und in die Perle Ihres Kopfes.

Nehmen Sie die Gedanken des Egos in Ihrem Kopf und ziehen Sie sie in das Kronenzentrum, eins mit dem göttlichen Licht. Sammle die gesamte Energie deines Kopfes und führe sie in diesen Punkt. Jetzt werden wir das Ego zusammen mit dem Licht in die Mitte der Krone bringen. Das heißt, alles im Kopf in diesen Punkt des göttlichen Lichts.

Du nimmst die Gedanken und Energie des Egos mit dem göttlichen Licht in die Mitte der Krone. Versuch es, wenn du kannst. Es ist wichtig, das Ego zu erheben, verstehst du.

Danke:

Liebe Meister und Schamanen, die mich besucht und ihre Weisheit in dieses Buch eingebracht haben und für all ihre Liebe zu mir.

Ich hätte nie davon geträumt, dass es so viele schöne und starke Liebeserfahrungen auf dem Weg der Seele geben würde.

Meine liebe Familie, die mir auf meinem Lebensweg geholfen hat.

Meine Freunde, mit denen ich meine Erfahrungen teilen konnte, die mich auf allen Ebenen unterstützt haben, auf denen mich diese Reise geführt hat.

Ich möchte Ihnen die Bücher zeigen, die mich am meisten aufgebaut haben.

1. „Das Leben und die Lehren der Meister des Fernen Ostens" 1-3, von Baird T. Spalding
Diese Bücher sind kostenlos online auf Englisch erhältlich und auch als Hörbuch kostenlos auf YouTube verfügbar.

2. „Reise in die Natur" von Michael J. Roads

Kontaktieren Sie mich gerne per E-Mail:
aandevokter@gmail.com
Facebook-Gruppe: „Aufstieg/Erleuchtung in Gottes Liebe"

„Ich möchte Ingrid Illia Haugerud für all die Inspiration und Freude danken, die sie gibt. Ich würde das Buch jedem empfehlen. Es hat mir tiefere Einsichten in das Menschsein gegeben und mir geholfen, den Weg in mein Herz zu finden. Sie hat mich gelehrt, im Jetzt und in mir selbst zu sein, und sie teilt von ganzem Herzen Inspiration mit allen Sinnen. Ingrid arbeitet auf allen Ebenen und im Einklang mit der Natur und tiefer Weisheit, was Frieden und Harmonie schafft. Sie hat mir gute Weisheit und meine Energie zurückgegeben und nicht zuletzt einen Sinn für das Leben.

Ich bin dankbar, dass ich etwas über die Natur gelernt habe und wie sie sagt: „Es geht nicht nur darum, die Natur anzuschauen, Hilde, sondern die Natur wirklich zu SEHEN". Sie hat mir den Wert der Nahrung beigebracht, die wir essen, den Wert der Energien, die wir teilen, und alles, was wir in der Natur kostenlos bekommen.

Ingrid arbeitet auf allen Ebenen und im Einklang mit der Natur und tiefer Weisheit, was Frieden und Harmonie schafft.

Als Coach und Mensch danke ich dir, Ingrid»

Hilde Naeimi

© 2024 Illia Haugerud

Verlag: BoD · Books on Demand GmbH,

In de Tarpen 42, 22848 Norderstedt,

bod@bod.de

Druck: Libri Plureos GmbH, Friedensallee 273,

22763 Hamburg

ISBN: 978-3-7693-7816-0